Kein Bodybuilder, dafür Parkinson

Von Michael Baltus

AF190286

ISBN

- Print: 9783751921534
- E-book: 9783751963473

© 2020

Herstellung und Verlag: BoD - Books on Demand, Norderstedt

Vorwort

Als Kind und Jugendlicher wollte ich immer Fußballer werden. Ich träumte davon in den großen Stadien aufzulaufen. Als junger Mann zog es mich dann vom Fußball weg ins Fitnessstudio und dort träumte ich den Traum meinen Körper den eines Bodybuilders gleichzustellen. Erreicht habe keines von beiden, bekommen habe ich Parkinson. In meinen hier beschriebenen Lebenslauf möchte ich meine sportlichen und krankheitsbedingten Erinnerungen wiedergeben. Es geht mir darum, mich später mit diesen Zeilen an diese Episode meines Lebens erinnern zu können. Vielleicht liest der eine oder andere Leidensgenosse und Leidensgenossin meine Sätze und findet sich in ähnlicher Weise wieder. Da ich den Text nach meinen gefühlten Erlebnissen, nach meinem Empfinden und Verständnis hier wiedergegeben habe, möchte ich denen die sich aus meinem Bekanntenkreis angesprochen fühlen bitten, mir vielleicht nicht ihre Meinungen im Vorab eingeholt zu haben zu verzeihen. Das Erlebte habe ich so wiedergegeben, wie ich es aufgefasst habe. Nicht alle Wörter schmeicheln mir oder den beschriebenen Personen und doch bin ich glücklich meine Familie, die ich liebe und meine Freunde, um mich zu haben. Ich hoffe um Rücksicht sollte der Fall eingetreten sein, wenn ich jemand unwissentlich auf die Füße gestiegen bin. Danken möchte ich vor allem meiner Frau, die sehr viel Geduld mit mir aufbrachte und alle Höhen und Tiefen, von denen es genug gab, mit mir durchgestanden hat. Das Leben mit mir war und ist nicht immer leicht und doch stehen wir kurz vor unserer Silberhochzeit.

Gelsenkirchen im Ortsteil Resse mitten in den Siebzigern. Als Kind des Ruhrgebiets waren damals unsere Vorbilder Norbert Nigbur, Klaus Fischer, Hannes Bongatz, Stan Libuda und viele andere Stars vom FC Schalke 04. Mein persönlicher Favorit war die Nr.7 im Dress der Blauen. Rüdiger Abramczik, Flankengott und Rechtsaußen der Schalker. Er war der Spieler, der Klaus Fischer mit Flanken fütterte und mir Glanz in den Augen brachte. Auf den Bolzplatz trafen wir Kinder und Jugendlichen uns und spielten Fußball. Wenn die Friedhofstraße gegen die Recklinghäuser Straße spielte waren fast alle mit dabei. Peter, Klaus und Migo waren mit ihren 16 Jahren die Älteren, ich mit 8 Jahren war der Jüngste. Der Rest war irgendwas dazwischen. Richtig mitspielen konnte ich damals gar nicht, dafür war der Altersunterschied und der Körperbau der Anderen einfach zu groß. Trotzdem versuchte ich jeden Tag mitzuhalten und mitzuspielen. Ich war einfach nur Lückenfüller, der Spieler, der die Mannschaft der Friedhofstrasse vervollständigte. Doch es kam der Tag, an dem mich alle auf dem Bolzplatz beneideten. Kurz vor meinem 9. Geburtstag fragte mein Onkel mich was ich mir wünschen würde. Ich träumte nun mal von Rüdiger Abramczik. Ich wollte wie Abi sein. Am Tag meines Geburtstages konnte ich gar nicht abwarten bis mein Onkel und meine Tante mir das Geschenk übergaben. Ich hoffte so sehr und glaubte trotzdem nicht wirklich daran solch eine Trophäe bald meins nennen zu dürfen. Doch die Hoffnung erfüllte sich und ich öffnete mit pochenden Herzen mein Geschenk. Fein säuberlich entfernte ich das Geschenkpapier vom Schatz aller Schätze. Den bis dato wertvollsten Besitz der jetzt mir gehörte. Bis in die Saison 1976 spielten die Schalker in Baumwolltrikots. Seit der neuen Saison gab es das Flutlichtdress. Ganz in königsblau, der Schriftzug Schalke 04 auf der Brust, die drei Streifen am Arm, dazu eine weiße Hose mit drei blauen Streifen und die weißen in blau abgesetzten Stutzen. Damals werbefrei und dieser Schatz gehörte jetzt mir ganz allein. Ich vergötterte meinen Onkel für ein solch wertvolles Geschenk und war ihn dafür bis ins Erwachsenenalter dankbar. Es war dann der Tag nach meinem Geburtstag, mitten im goldenen Oktober ging ich am Nachmittag über die Recklinghäuser Straße auf die Wiese vor Eurowia zu unserem Bolzplatz. An diesem Tag war ich zwar immer noch der Jüngste und Kleinste und trotzdem gehörte dieser Auftritt mir. Der Migo, selbst Schalker durch und durch und größter Klaus Fischer Anhänger traute seinen Augen nicht. Die Anderen bekamen den Mund nicht zu. Der keine Michael im nagelneuen Flutlichtrikot der Schalker. Alle wünschten sich diesen Dress an meiner Stelle besitzen zu dürfen und ich bekam so viel lobende Worte und Schulterklopfer wie noch nie vorher auf dem Bolzplatz. Endlich wusste ich wie man sich als Fußballstar fühlte, denn an diesem Tag war ich Rüdiger Abramczik, Flankengott und Rechtsaußen auf unserer Wiese. Es störte nur die Schule und der Kommunionunterricht in diesen Wochen, aber es war nun mal Pflicht zur Schule und auch sonntags in die Kirche zu gehen.

Es war im Kommunionsunterricht als mein Schulfreund Frank mich fragte für wen ich am Wochenende halten würde. Es stand das Pokalendspiel Hertha BSC gegen den 1. FC Köln in Hannover an. Die Schalker wurden damals gerade hinter der Borussia aus Mönchengladbach deutscher Vizemeister und ich hatte mir über das Pokalfinale gar keine Gedanken gemacht.

Ich wusste nicht genau für wen ich halten sollte und so antwortete ich einfach 1. FC Köln. Frank hielt für Hertha, aber nur für dieses Spiel, denn wie alle anderen Kinder aus Resse hielt auch er für die Schalker.

Normalerweise saßen mein Vater und ich Samstagnachmittag immer vor dem Radio bei unseren Nachbarn und verfolgten die Bundesligaspiele. An diesem Wochenende war es anders. Das Spiel wurde live übertragen und ich saß mit vor dem Fernseher. Farbfernseher gab es schon, aber nicht für uns, wir schauten damals in den Schwarzweiß Monitor und durften uns ein 1:1 anschauen. Dieter Müller traf für den FC, Horr glich irgendwann für die Hertha aus. Es war Pfingstsamstag und es geschah etwas, was bis heute nie wieder passierte. Die Verlängerung ermittelte auch keinen Sieger und es musste anders entschieden werden. In den 60ern hatte der FC mal gegen Liverpool nach drei Unentschieden per Münzwurf in Rotterdam verloren, das war gemein und verdammt hart. Liverpool holte übrigens danach dem europäischen Landesmeisterpokal. Dieses Schicksal blieb beiden Mannschaften erspart, denn es wurde in der Woche danach ein Wiederholungsspiel angesetzt. Und wieder traf Dieter Müller zum 1:0 Endstand und machte den FC zum Sieger.

Der Schalker Torhüter Norbert Nigbur war eigentlich mit den Geißböcken klar und sollte ab der kommenden Saison für die Elf aus Köln auflaufen. Doch alle Parteien hatten dies vor dem Endspiel ausgehandelt. Das Finale nutze allerdings der kölsche Torwart Harald Schumacher, den alle nur Toni riefen mit einem super Spiel für sich aus, so daß der FC den Nigbur nicht mehr wollte und an den Toni festhielt. Warum schreibe ich das? Weil es mich bis heute zum größten FC Anhänger machte den es je gegeben hat. Ich dachte nur noch in Rot und Weiß. Für mich ist diesen Pfingstsamstag ein neuer Fußballgott geboren worden und ich vergötterte den Toni Schumacher seine ganze Karriere lang. Als Gelsenkirchener Junge habe ich für die anderen Jungs Hochverrat begannen. Wie konnte ich nur die Schalker so verraten und mich dem FC zuwenden. Bis heute ist die Liebe zum FC ungebrochen geblieben, obwohl die Jahre des Erfolges seit Jahrzenten ausbleiben.

Fußball war für uns Kinder im Ruhrpott halt das Ein und Alles. In Resse gab es den VFL Resse 08, den Verein in dem unter anderen mein Schulfreund Frank spielte. E-Knaben die jüngste Mannschaft dort und er erzählte mir wie toll es dort ist und wie viel besser es noch wäre, wenn ich dort mit ihm zusammenspielen würde. Und so ging ich damals an irgendeinen Abend nach Feierabend zu meinem Vater und fragte ihn, ob ich mich dort bei Resse 08 anmelden dürfte. Mein Vater musste bei wichtigen Dingen immer zuerst gefragt werden, denn die Mutter sagte meistens nein. Aber dieses Mal, zu meinem Entsetzen, sagte auch mein Vater nein. Dazu muss ich jetzt etwas weiter ausholen. Mein Bruder und ich sind Arbeiterkinder aus Gelsenkirchen. Mein Vater ist Maler und Lackierer und arbeitete bei einer großen Firma in der Umgebung. Er hatte dort den Posten des Vorarbeiters, machte in der Abendschule seinen Meister und sich danach selbständig. Meine Mutter war damals Hausfrau und zusammen gründeten sie dann eine Malerfirma. Beide kamen aus Hassel, einen Vorort ganz im Norden von Gelsenkirchen und dort ergab es sich dann, dass beide einen Maler und Tapetenladen übernehmen konnten. Meine Eltern hatten also vor von Resse nach Hassel zu ziehen. Somit war mein Arrangement beim VFL Resse 08 gestorben bevor es anfing. Meine Großeltern wohnten beide schon immer in Hassel und so war auch ich viele Wochenenden dort und kannte den Bolzplatz auf der Hardenbergstraße sehr gut. Trotzdem hatte sich mein Leben bisher mit meinen Freunden in Resse abgespielt und ich weinte schrecklich. Der Trost meines Vaters war der, dass ich mich bei dem viel populäreren SC Buer Hassel anmelden durfte. Die Hassler waren damals nach Schalke der zweite Verein in Gelsenkirchen und hatten zudem eine hervorragende Jugendarbeit. So musste ich noch das Schuljahr zu Ende bringen und danach meine Freunde und den Bolzplatz in Resse hinter mir lassen und alles was mir Freude besorgte verlassen. Es war das Jahr 1978 und als neuer FC Anhänger erlebte ich am Radio den größten Erfolg der Vereinsgeschichte mit. Wir wurden Meister. Obwohl Dortmund 12:0 in Mönchengladbach verlor und die Fohlenelf so das Torverhältnis gegenüber den punktgleichen Kölnern ausgeglichen hatte, machte der FC in Hamburg gegen den FC St. Pauli durch ein 5:0 die Meisterschaft klar. Dazu kam noch der Pokalsieg gegen die Fortuna aus Düsseldorf, das Double war perfekt. Ich wusste damals nicht, dass ich bis heute nie wieder eine Meisterschaft mit dem FC feiern darf. Viele gute Spiele habe ich gesehen, doch der große Clou blieb aus. 1983 noch mal ein Pokalsieg gegen die Fortuna aus Köln, doch danach nichts mehr. Abstiege zählten später genauso wie die Aufstiege zu meinem Leiden als Kölner.

Mein erstes Mal war 1976/77. Schalke hatte ein Heimspiel gegen 1860 München und mein Vater hatte 2 Karten für das Spiel gekauft. Stehplatz Südkurve, also bei den Gegnern. Ich freute mich riesig und wir fuhren mit unserem weißen Bulli ins Parkstadion. Schalke gewann mit 2:1 und ich war von der Fußballbundesliga infiziert. Einige Wochen später stand das Heimspiel der Knappen gegen Saarbrücken an und wieder hatte mein Vater 2 Karten besorgt. Doch ich hatte irgendeinen Bock geschossen, ich weiß heute nicht mehr was genau, nur durfte ich damals nicht mit und das brach mir fast mein Herz. Es war genauso schlimm wie im Fernsehen Winnetou nicht gesehen zu haben und alle anderen erzählten am Tag danach in der Schule davon.

In Hassel fand ich noch in den Sommerferien neue Freunde, auf dem Bolzplatz bei meiner Oma natürlich und natürlich auch alles Schalker Jungs. Wie sollte ich denen erklären, dass ich FC Anhänger war? Erst mal gar nicht, ich zog also meinen Schatz an und war mit meinem blauen Trikot wie alle anderen ein Schalker. Erst später, als die Freundschaften gefestigt waren outete ich mich als kölsche Jung.

Ins Tor wie Toni Schumacher wollte ich immer. Auch ich wollte wie mein Idol die Bälle der anderen halten und so kam es, dass ich als 11-jähriger Knabe plötzlich vor einen meiner Vorbilder stand. Mein Vater und ich fuhren zur Cranger Straße nach Erle. Dort hatte der Abi ein Sportladen und ich bekam das Torwarttrikot vom Wolfgang Kleff. Er war zwar Gladbacher, aber das Trikot vom Toni Schumacher gab es nicht und vom Nigbur war teurer. Doch an diesen Tag war der Rüdiger Abramczik persönlich da und ich durfte sogar ein paar Worte mit ihm reden. Und wieder war Glanz in meinen Augen. Die Nr. 7 nahmen wir auch noch in Weiß mit und wurde von meiner Mutter auf das Schalketrikot genäht.

Seitdem war ich meistens auf dem Bolzplatz mit meinen Freunden im Tor und hielt was zu halten war. Aber nur dort, denn im neuen Verein durfte ich wegen meiner zu kleinen Körpergröße nicht ins Tor und musste als Rechtsaußen vorliebnehmen.

Als Rechtaußen fing ich beim SC Hassel an und dieser Verein gehört noch heute mein Herz. Mit der 2. Schülermannschaft wurde ich sogar vor Schalke 3 in der damaligen Saison Ligameister. Dabei schoss ich insgesamt 13 Tore, das waren die Zweitmeisten in unserer Mannschaft. Fußball war immer mehr zu meinem Lebensmittelpunkt geworden. In der Schulmannschaft, in der Klassenmannschaft, beim SC Hassel und auf dem Bolzplatz bei meiner Oma. Der Opa, vom Sport keine Ahnung nannte mich immer Pelepfannekuchen. Den Pele kannte er und ich mochte die Pfannekuchen meiner Oma so sehr, dass ich mehrmals in der Woche nach dem Kicken dort Pfannkuchen mit Apfelkraut essen durfte.

Ich hatte dann noch mal ein richtiges Highlight auf dem Fußballplatz und zwar in der Bundesliga im Parkstadion. Es muss die Saison 1979 gewesen sein, Schalke war Abstiegskandidat und es kam der große Favorit aus Hamburg, der HSV. Im Gepäck der Hanseaten waren nicht nur Horst Hrubesch und Manfred Kaltz, nein es kam der größte deutsche Fußballer aller Zeiten als Gast nach Gelsenkirchen. Der Kaiser gab sich die Ehre. Franz Beckenbauer frisch aus New York spielte mit dem HSV um die Meisterschaft. Damals saß ich mit meinen beiden Kumpels öfter vor der Ersatzbank der Schalker, es wurde einfach so bis zum Rudi Assauer von allen Anwesenden geduldet. Irgendwie schmuggelten wir uns immer so ins Stadion und auf das Innenfeld. So kam es, dass die Hanseaten mit 2:1 verloren und ich nach dem Spiel Franz Beckenbauer auf dem Grün wegen seines Trikots ansprach. Zu meiner Enttäuschung bekam ich es nicht, damals war es noch nicht so mit Trikots abgeben in der Bundesliga. Mit Tränen in den Augen fuhr ich nach Hause. Außer ein paar netten Worte bekam ich vom Kaiser nichts. Vielleicht wäre er großzügiger gewesen, wenn die Hamburger gewonnen hätten. Im Nachhinein bekam ich aber etwas sehr viel Wertvolleres als das Trikot vom Franz Beckenbauer. Von mir unbemerkt wurden die Fotografen auf den Beckenbauer und mich aufmerksam und das Resultat sah ich am Montagmorgen in der Schule. Ein Foto in der WAZ, der größten Zeitung im Ruhrgebiet von mir und dem Franz Beckenbauer. Auch bei SC Hassel am schwarzen Brett hing ich mit dem Kaiser. Welch ein Erfolg von mir. Alle wollten wissen was er von mir wollte. Noch heute habe ich diesen Zeitungsausschnitt in meinem Fotoalbum. Ich konnte mir ein Leben ohne den Lederball damals nicht vorstellen.

Es war die Zeit als ein neues Gerät auf den Markt kam. Alle Welt wollte und brauchte plötzlich den Videorekorder und wir Kinder hatten ein neues Idol. Bruce Lee Filme waren bei uns der Hit und der Vater von meinem Freund hatte als Erster einen Videorecorder. Wir schauten oft Kung-Fu Filme und waren von Bruce Lee begeistert. Auch wir wollten kämpfen und aussehen wie Bruce Lee. Ich spielte aber Fußball beim SC Hassel und mir fehlte die Zeit und auch das Geld zum Kampfsport. Auch die Knochenbrecherfilme mit Jackie Chan verfolgten wir mit Begeisterung. Eines Tages jedoch kam mein Kumpel zu uns und redete von jemanden der Bruce Lee in allen Belangen in den Schatten stellen würde. Wir konnten es nicht glauben, denn niemand war besser als Bruce Lee. Mein Freund blieb jedoch bei seiner Meinung und erzählte uns von einem Film aus den USA. Die damals jungen Hollywoodstars Jeff Bridges und Sally Field in den Hauptrollen. Es war aber auch die Rolle die einen fantastischen zu seiner Zeit perfekten Sportler als Sprungbrett diente. Der Star in diesen Film war der Neuschauspieler und Bodybuilder Arnold Schwarzenegger. Mr. Universum war für uns mit dem Mr. Olympia und den anderen Statisten das Mekka der sportlichen Männlichkeit. Vergessen war Bruce Lee, hoch lebe Arnold Schwarzenegger. Dieser Film war meine erste Berührung mit dem Body Building. Damals wurde der Sport in Gelsenkirchen Buer in einer Hinterhofgarage betrieben. Wir durften damals nicht dorthin, Mitglieder mussten wenigstens 16 Jahre alt sein und woher die 50 Mark für den Mitgliedsbeitrag nehmen? Also spielte ich weiter beim SC Hassel Fußball.

Die Pubertät trat bei meinen Kameraden eher ein als bei mir, deshalb bekam ich körperliche Nachteile und wechselte damals zum SSV Buer. Dort war die Konkurrenz nicht so groß und ich konnte den körperlichen Nachteil etwas durch meine Technik und Schnelligkeit wettmachen. Ein Jahr spielte ich dort und hörte dann mit fast 16 Jahren erst einmal mit dem Fußball auf. Disco Samstagabend ist wichtiger geworden als Sonntagmorgen Fußball zu spielen. Welch ein Fehler!

Der Videorecorder lief dann bald bei uns zuhause und Filme wie Rocky 3 oder Conan der Barbar waren absolute Höhepunkte und wurden mehrmals im Monat geguckt. Ich selbst dünn und in der körperlichen Entwicklung zurückliegend, träumte davon auszusehen wie ein Bodybuilder.

Zuerst aber war es wichtig nach der Schule einen guten Ausbildungsplatz zu bekommen und ich musste Bewerbungen schreiben. Ich hatte das Glück mehrere Stellen angeboten zu bekommen und entschied mich dann, dass bei einem großen Unternehmen in der chemischen Industrie in der Nachbarstadt Marl anzunehmen. Mit dem Moped war Marl ein Katzensprung und ich fuhr den Weg tagtäglich 2 Jahre lang. Mit 18 Jahren schaffte ich im ersten Anlauf die Führerscheinprüfung der Klassen 1 und 3 und auf dem elterlichen Hof stand der auf mich wartende Opel Ascona. Freitag war es als ich endlich den grauen Lappen beim Straßenverkehrsamt in Gelsenkirchen abholen durfte. Eine lange Woche des Wartens waren überstanden und auf dem Führerschein war der Stempel, der bestätigt, dass ich endlich Auto fahren durfte. Die Disco rief und ich fuhr zum ersten Mal selbst in die Fabrik nach Coesfeld ins Münsterland. Montag mit dem Auto zur Berufsschule und wieder gab es Schulterklopfer. Die Erinnerung an das Schalketrikot kamen wieder in mir auf. Ich hatte etwas wofür die Anderen mich beneideten. Es kam der

Mittwoch, ein verregneter kalter Herbsttag und ich war in der Chemie arbeiten. In der Mittagspause verkündigte ich stolz meine heutige Fahrt nach Köln. Der FC spielte im Derby gegen Leverkusen und ich wollte zum ersten Mal nach Müngersdorf. Mit 1:5 ging mein Debüt als Zuschauer und Fan in Köln heftig in die Hose. Toni kassierte 5 Dinger und der Klaus Allofs verschoss glaube ich noch einen Elfmeter. Ziemlich deprimiert fuhr ich wieder nach Hause. Doch der Verein bleibt immer dein Verein und kurz danach hatte ich in der Südkurve auf den Stehplatzrängen für 70 Mark eine Dauerkarte. 20 Jahre war ich regelmäßig bei den Spielen der Geißböcke, egal ob in Müngersdorf oder Auswärts. Noch heute fahre ich zu einigen Spielen und drücke meinem Verein die Daumen.

Ein Jahr nachdem ich ausgelernt hatte wechselte ich im Betrieb die Schicht. Auf der neuen Schicht war mein neuer Kollege Ralf. Ralf zu diesem Zeitpunkt mit 29 Jahren 9 Jahre älter als ich, hatte in 4 verschiedenen Kampfsportarten den Meistergrad, also den schwarzen Gürtel. Er war wie Bruce Lee. Er wohnte in Drewer einen Stadtteil in Marl und dort hatte gerade ein neues sehr modernes Fitnessstudio eröffnet. Er fragte mich ob ich nicht Interesse hätte mit ihm dort zu trainieren. Ich war froh über die Möglichkeit mit einem so sportlich erfahrenden Mann trainieren zu können. So kam es, dass ich Mitglied in dem Fitnessstudio wurde, wo ich bis heute über 30 Jahre später immer noch versuche meine Muskeln zu vergrößern und fit zu bleiben.

Der Anfang war schwer und ich schämte mich. Mit 62kg Körpergewicht bei einer Größe von 180cm musste ich beim Duschen hin und her springen, um nass zu werden. Ich sah dort nur muskelbepackte Männer, die vor Kraft nur so protzten und es auch wussten. Die Frauen dort auch durchtrainiert und hübsch waren wie aus einer anderen Welt, unerreichbar schien es für mich damals einmal dazugehören zu dürfen. Ralf und ich verabredeten uns zum ersten Training bei ihm zuhause. Ich war pünktlich um 11 Uhr dort und wollte endlich loslegen. Leider hatte Ralf die Angewohnheit die Uhr nicht lesen zu können, denn Unpünktlichkeit war eine angeborene Gewohnheit von ihm. Vielleicht lag es an seinen sizilianischen Wurzeln, dass er eher alles locker und gemütlich sah. Auf alle Fälle liefen wir beide dann gegen 13 Uhr im November 1988 zum ersten gemeinsamen Training im Fitnessstudio auf. Er hatte Ahnung vom Gewichtheben und zeigte mir erklärend jede ihm bekannte Übung. Unseren ersten Einsatz hatten wir auf der Flachbank beim Bankdrücken. 40kg schaffte ich, also die Gewichtsklasse der Frauen. Wir trainierten an diesen Tag die Brust, die Arme, die Beine, den Rücken und die Schultern und nach 3 Stunden Training stand die letzte Übung nämlich Klimmzüge an. Ralf machte dort einige Wiederholungen und danach war ich an der

Reihe. So sehr ich es versuchte, nicht einen einzigen Klimmzug schaffte ich damals. Mittlerweile war es 16 Uhr und Zeit meinen Trainingspartner nach Hause zu fahren, denn um 18:30 begann für uns die Nachtschicht. Ich wollte ihn eigentlich nur vor der Tür absetzen und dann sofort nach Hause fahren, aber es kam anders. Ralf bat mich noch nach oben in seine Wohnung und zelebrierte in seinem Mixer einen Eiweißcocktail. Wow, mein erster Proteinshake. Ich dachte sofort daran, dass die Muskeln jetzt wachsen werden, denn mit diesem Eiweißüberschuß mussten die Muskeln einfach größer werden. Ich war nun mal ein ahnungsloser Anfänger. Doch das sollte sich später ändern. Zuerst trainierten wir beide einige Wochen gemeinsam. Doch dann wurde ich gezwungen mich immer öfter allein durch den Dschungel der Geräte und Gewichte durchzuschlagen, denn mein Partner konzentrierte sich wieder mehr auf die Judobundesliga und lief nur noch wenige Male im Fitnessstudio auf.

Ich fühlte mich total unwohl, dünn wie ich war fühlte ich mich von den Fremden beobachtet und hatte Angst dort zum Gespött zu werden. Ich kann mich daran erinnern, dass ich sogar einmal dort vor der Tür gestanden habe und wieder nach Hause gefahren bin. Der Vertrag war für 2 Jahre abgeschlossen worden und musste mit 80 Mark im Monat bezahlt werden, also Augen zu und die 2 Jahre durchbeißen, dann kündigen so sah meine

Überlegung aus. Doch auch ich habe vom lieben Gott eine Tugend mitbekommen, Ehrgeiz und niemals aufgeben ist eine meiner Stärken. Egal was ich beginne, ich versuche es perfekt zu machen und so biss ich mich im Studio durch. Anfangs noch belächelt und beobachtet stieg meine Leistungskurve an. Ich änderte durch Hörensagen meine Essgewohnheiten und nahm im ersten Jahr 6kg zu. Auch auf der Flachbank schaffte ich zügig die 60kg zu drücken. Im zweiten Jahr stemmte ich dann irgendwann mit einem Körpergewicht von 72 kg die 80kg auf der Flachbank. Was ich selber gar nicht so bemerkte war mein Bizeps. Plötzlich lobte mich einer von den muskulösen Bodybuildern und sagte mir, dass ich einen sehr guten Bizeps bekommen hätte. Ich war stolz auf das Gesagte und noch mehr stolz endlich mal mit einer Studiogröße gesprochen zu haben. Dazu gehören wollte ich und dazu half mir wieder einmal meine alte Leidenschaft der Fußball.

Mittlerweile besuchte ich einen 3-jährigen Abendkurs und bildete mich in meinem Berufszweig fort. So ging ich weiter auf Wechselschicht arbeiten, besuchte die Schule und in der freien Zeit versuchte ich die Eisen zu stemmen. Mein Nachbar auf der Schulbank, auch ein dünner Hering wie ich, erzählte mir nach einem halben Jahr, dass er sich in meinem Fitnessstudio angemeldet hat. Da wir die gleiche Schicht im selben Unternehmen besuchten war es zeitlich optimal und Dietmar und ich gingen eine kurze Zeit zusammen trainieren. Er wurde nie ein Bodybuilder, aber er kam aus dem Marler Stadtteil Brassert und kannte viele Studioikonen persönlich aus seiner Jugendzeit. Irgendeines Tages unterhielt er sich mit dem Bodybuilder, den in unserem Studio keiner das Wasser reichen konnte. Ich kam verspätet dazu und bekam mit, dass die beiden sich wie früher zum Fußballspielen verabredet hatten. Ich nahm meinen ganzen Mut zusammen und fragte einfach ob ich nicht mitspielen dürfte. Der Bodybuilder hieß Andreas und war erstaunt über meine Frage denn er kannte mich ja nicht. Trotzdem verabredeten wir uns an dem darauffolgenden Sonntag in Brassert zum Bolzen. Andreas wie alle anderen Jungs aus Brassert waren Schalker Jungs durch und durch und so kam ich an diesen verabredeten Sonntag mit meinem Auto vorgefahren und die Jungs sahen sofort mein Gelsenkirchener Kennzeichen. Der Daumen ging von den meisten Richtung Himmel und von da an besuchte ich fast 2 Jahre lang immer sonntags den Bolzplatz, um mit den Jungs Fußball zu spielen. Ich war der Kölner, denn ich gab mich sofort mit dem FC-Trikot zu erkennen für welchen Verein mein Herz schlägt. Der FC spielte damals nur mittelmäßigen Fußball und so kam der Samstag an dem wir im dichten Nebel eine 0:3 Schlappe auf Schalke kassierten. Ich glaube es war im November 1991, einen Tag nach der 0:3 Niederlage als sich das zum damaligen Zeitpunkt größte Talent im deutschen Fußball, der Anführer der Torjägertabelle mit dem Auto von Münster nach Köln kommend in Remscheid totfuhr. Maurice Banach, von allen nur Mucki genannt hinterließ eine Frau, 2 Kinder und geschockte FC-Anhänger. Da ich großer Anhänger vom Mucki war, nannten meine Spielkameraden mich damals zu ehren nur noch Mucki.

Auf jeden Fall habe ich so durch den Fußball den Andreas kennen gelernt. Andreas war Bodybuilder durch und durch. Er trainierte hart und effektiv. Wurde im Bankdrücken öfter westdeutscher Meister und wurde so zum Vorbild für mich. Jetzt lernte ich den ein oder anderen im Studio kennen und ich fühlte mich nicht mehr unwohl. Auch die guten Trainingstipps nahm ich dankend an und versuchte diese umzusetzen. Keinen Gedanken verlor ich noch an meinen Plan zu kündigen. Einmal war ich nah daran das Studio zu wechseln. Mein damaliger zukünftiger Schwager, 188cm groß 100kg schwer, Bodybuilder aus Gelsenkirchen Horst lud mich ein, einmal mit ihm trainieren zu gehen. So kam der Tag und ich lief in Horst zum Training auf. Es war toll mal ein anderes Studio kennen zu lernen, doch der Gewichtsunterschied zwischen dem Rüdiger und mir war zu groß. 25 kg betrug der und so waren die Kraftverhältnisse für mich unerreichbar einholbar. Ich blieb in

Marl und versuchte weiter Muskeln und Gewicht aufzubauen.

Mein Essen bestand größten Teils aus Reis mit Putenbrust. Um diese trockene Mahlzeit überhaupt schlucken zu können, habe ich immer ungezuckerte Ananasstücke dazu gegeben. Ich hatte damals noch wenig bis gar keine Ahnung wie ich mich richtig ernähren muss. Ich aß sehr viel, machte mir tagtäglich noch Protein und Weightgainshakes und kam so nach 4 Jahren Training auf 78 kg Körpergewicht. Das tolle daran war, Masse ist Kraft und ich schaffte zu dieser Zeit erstmals die 100 kg auf der Flachbank beim Bankdrücken. Ich hatte irgendwie somit eine Grenze überschritten und fühlte mich seitdem dazugehörig unter den Kraftsportlern. Eines Tages fragte mich Andreas ob ich nicht mit ihm trainieren wollte, so könnte er mir wertvolle Tipps und Hilfe beim Training geben. Die Frage allein schon war für mich wie der Rittersschlag und ohne groß zu überlegen sagte ich zu. Die nächsten Jahre waren dann meine sportlich beste Zeit und ich gewann sehr an Selbstbewusstsein. Man hatten wir eine tolle Zeit.

Und wieder kam der Fußball dazwischen. Wir durften sonntags nicht mehr in Brassert auf den Bolzplatz und überlegten wie wir weiter Fußball spielen könnten. Wir hingen im Studio am Aushang einen Zettel auf dem stand, dass wir aktive Mitspieler für ein Fußballteam suchten. Nach einer Woche standen ungefähr 20 Namen auf der Liste und zu meiner Überraschung waren zu unserem ersten Treffen fast wirklich nur die guten Bodybuilder dabei. Wir gründeten eine Mannschaft und spielten danach mehrere Jahre in der Marler Hobbyliga gegen andere Teams aus Marl. So lernte ich durch den Fußball weitere Marler Bodybuilding Größen kennen. Mittlerweile ging ich 4-mal die Woche zum Gewichttraining und 2-mal die Woche zum Fußball spielen. Ich kam an meine Grenze und zum ersten Mal stagnierte der Erfolg. Irgendwie schaffte ich es nicht mehr Muskeln aufzubauen und die 80 kg Körpergewicht zu knacken. Mir wurde bewusst, dass jeder Körper seine Grenzen hat und um diese Grenze zu überwinden müsste ich etwas ändern. Ich nahm mir vor die wöchentliche Trainigseinheit zu erhöhen und so ging ich jetzt 5-mal die Woche trainieren. Montags schweres Brust und Armtraining, dienstags Rücken und Schultern, mittwochs Beine, donnerstags Brusttraining mit vielen Wiederholungen, dazu wieder Arme und freitags Rücken und Schultern. Der Bauch wurde irgendwie dazwischen gepackt.

Und in dieser Zeit passierte etwas das mich bis heute wie ein schwarzer Schatten verfolgt. Ich erinnere mich noch ganz genau an diesen Tag. Es war ein Samstag im Juni 1993. Steffi Graf stand im Finale von Wimbledon und konnte mal wieder die All England Championships im Tennis gewinnen. Wenige Wochen vorher habe ich mir einen Chopper gekauft. Die 35000 Mark für eine Harley-Davidson war ich damals nicht breit auszugeben, so wurde es ein japanischer Nachbau der Marke Honda. Da saß ich an diesem besagten Samstag dann hockend vor meiner Shadow und demontierte die übelaussehende Verlängerung des Schutzbleches am Hinterreifen ab. Als ich mich aus der Hocke hoch bewegen wollte, musste mir jemand ein Messer in den unteren Rücken gestochen haben. Noch nie in meinem Leben hatte ich solch einen Schmerz erfahren müssen. Beim Fußballspielen als Jugendlicher hatte ich mehrere Bänderdehnungen am rechten Knöchel, das waren auch Schmerzen, aber nichts im Vergleich zu diesem Stich im Rücken. Nichts ging mehr und das natürlich auf einem Samstag. Ich konnte kaum Luft holen, geschweige denn mich bewegen. So erfuhr ich dann zum ersten Mal von meiner Orthopädin, dass mich ein Hexenschuss erwischt hat. Die Spritze tat nicht so weh, wie die ärztlich angeordnete Trainingspause von mindestens 3 Wochen. Pausen waren für mich nur sehr schwer zu verkraften. In den Urlauben wurde ich schon nach 3 Tagen nervös und manchmal war ich übel gelaunt, weil mir das Training fehlte. Noch schlimmer waren die Essgewohnheiten. Ich aß nicht mehr, wenn ich Hunger hatte, sondern nach dem Aufstehen bis zu dem ins Bett gehen alle 3 Stunden. Egal wo ich war, ich musste, wenn die

Zeit reif war etwas essen. Und wehe ich bekam nichts, dann wurde ich unausstehlich. Als ich die 80 kg erreichte und die digitale Anzeige die 80 anzeigte, schwor ich mir, dass dies die Grenze im unteren Bereich war und ich diese selbstgesteckte Grenze nie mehr unterschreiten werde. Wie gesagt, ich war immer klein und dünn und so kannten mich die früheren Freunde. Im Februar 1994 zog ich dann aus Gelsenkirchen weg und bürgerte mich in Marl ein. Die Wohnungsbaugesellschaft meines Arbeitgebers stellte mir eine Dachgeschoßwohnung im Stadtteil Drewer zur Verfügung. Ich sagte also Lebwohl zu meiner Heimat und zu meinen Bekannten in Gelsenkirchen und war meinem Studio und meinem Arbeitsplatz nun ganz nah. Da ich durch meinen guten Job auch gutes Geld verdiente, lag die Welt mir zu Füssen. Ich nutzte die Möglichkeiten aus und erkundschaftete viele Länder auf dieser Erde. Egal ob Südamerika, Mittelamerika, Nordamerika, Südostasien, Europa, da wo sich die Party abspielte war auch ich nicht weit. So hatte ich einmal einen Fernsehdreh von RTL in Miami. Es war die zweite Märzwoche im Jahr 1995. Ich hatte mittlerweile 85kg Körpergewicht. Ich war kein Schwergewicht, aber jeder sah, ich gehörte der Bodybuildingszene an. Die erste Woche im März ist in Daytona Beach, Florida immer die Harley-Davidson bike week und das Springbreakfestival fand zur gleichen Zeit statt. Ich war zum 6. Mal dort. Dieses

Mal mit meinem früheren Freund aus Kindeszeiten. Michael, dessen Vater als erstes den Videorecorder besaß. Michael war immer stärker und muskulöser als ich. Als wir uns aber nach einigen Jahren wiedertrafen, bekam er den Mund nicht zu. Ich erkannte, dass er mir wegen des Körperbaus Respekt zu kommen ließ. In Jugendzeiten hatte ich diesen Respekt nicht von ihm bekommen. Mein Selbstbewusstsein stieg durch das Bodybuilding immer weiter. Wir trafen uns ein paar Mal und ich erzählte ihm wie toll Florida sei. Und so kam es wie es kommen musste und wir beiden flogen in den südlichsten Staat der USA. Ich weiß, Hawaii liegt südlicher. Trotzdem steht auf Key West der Stein mit der Aufschrift: Southern Point of the USA. 90 Miles to Cuba oder so ähnlich. Nicht zum ersten Male wurde ich dann auf der Main Street in Boothills Saloon als GI angesprochen. Die Haare immer kurz geschoren wie Ivan Drago in Rocky 4, dazu muskulös, ich musste ein German GI oder Polizist sein. Ich muss zugeben, dass ich oft die Blicke der Anderen aufsog und dies genoss. Ich wollte nie mehr dünn sein. Mein Kopf ließ dies nicht mehr zu, denn ich litt in der Jugend sehr darunter. Die erste Woche im März flogen wir also von Amsterdamer Flughafen Schipol nach Miami. Im Flieger lernten wir zwei coole Typen kennen. Sie saßen drei Reihen hinter uns und erzählten sich Witze. Wir bekamen dies mit und lachten als einzige im Flieger mit den beiden über die

Pointen. Einer der beiden hieß Bernd, den anderen Namen weiß ich nicht mehr. Beide kamen aus Ostfriesland und waren bekennende Freunde der Hells Angels. Wir verbrachten die ersten und die letzten Tage gemeinsam in Florida und hatten viel Spaß zusammen. Zwischendurch fuhren die beiden mit ihrem gemieteten Cabrio von Daytona nach Tennessee, um die Jack Daniels Destillery zu besuchen. Micha und ich waren dann in vielen Clubs Party machen. In Daytona im Point Break Beach Club. In Boca Raton, in Fort Lauderdale im Baha Beach Club usw. abends spielt sich das Leben in Miami auf der Collins Avenue ab. Dort unten im Süden zwischen der 5. Und 15. Straße treffen sich die Künstler, Musiker und die Partysuchenden. Wir waren schon am Nachmittag dort und ich machte am Strand einige Übungen an der Klimmzugstange. Da es aber auch Zeit war, etwas essen zu gehen, die drei Stunden waren rum, begaben wir uns zu einem der gegenüberliegenden Lokalen. Dort aßen und tranken wir etwas. Nachdem ich dann kurz aufgestanden war und wieder zu unserem Tisch kam, staunte ich nicht schlecht, als 2 Fremde mit meinem Kumpel am Tisch saßen. Sie stellten sich vor und erklärten mir, dass sie im Auftrag für RTL hier in Florida seien. Sie hatten mich am Strand bei meinen Klimmzügen gesehen und wollten mich für die Sendung Explosiv filmen und interviewen. Ich lehnte ab, so einen Scheiß mache ich nicht. Es ging um den männlichen Wonderbra. Ich sollte den unter meiner kurzen Jeans tragen und mit nacktem Oberkörper hier einige Dokumentarszenen mit denen drehen. Es war mir einfach zu blöd. Ich wollte den beiden netten Jungs von RTL aber auch nicht vor dem Kopf stoßen und so machte ich einen Fehler. Ich wollte, dass mein Kumpel mithilft die RTL Crew wieder loszuwerden. Also sagte ich, in dem Glauben mein Kumpel würde sofort verneinen, wenn er mitmachen würde, wäre auch ich bereit diesen Ulk mitzumachen. Zu meinem Erstaunen sagte der Blödmann ja. Ups, mitgehangen mitgefangen. Ich stand zu meinem Wort und die beiden holten die Kamera und das Mikrophon. Wir liefen also die Collins Avenue entlang, gingen in einige Läden hinein und wieder heraus und wurden dabei gefilmt. Die Amis drehten sich um und machten Platz, sie kannten das wohl, denn dort wird tagtäglich gefilmt. Interviewt wurden wir auch noch und dann trennten sich unsere Wege wieder. Jetzt ist das mit der Sendung Explosiv von RTL wie mit MC Donalds. Keiner geht dort hin und trotzdem verkaufen die ihre Hamburger. So gibt auch keiner zu RTL Explosiv zu gucken und trotzdem machten 2 Videokassetten in meinem Marler Studio die Runde und das noch bevor ich wieder zuhause war. Im Nachhinein muss ich sagen war es eine lustige Sache. Mein Kumpel Michael kaufte sich nach unserem Floridaurlaub eine Intruder und ein Jahr später eine Harley. Danach haben wir uns aus den Augen verloren. Ich verkaufte kurze Zeit später meinen Chopper und es dauerte einige Jahre bis ich mir auch eine Harley-Davidson gönnte.

Im gleichen Jahr noch flog ich nach Acapulco an der mexikanischen Pazifikküste. Ich habe noch ein paar Kilo zulegen können und lag nun bei 87 kg Körpergewicht. Ich hatte also 25 kg Muskelmasse seit meinem Beginn zugelegt. Wir fuhren also vom Airport den Berg hinauf und überblickten von dort oben die Bucht von Acapulco. Diesen Anblick werde ich nie vergessen. Der Sonnenuntergang wurde gerade von der Abenddämmerung eingeholt. Die Lichter der Straßen und Häuser leuchteten dunkelgelb. Ein unvergesslicher Augenblick prägte sich in meinem Kopf ein. Der Bus bog von der Hauptstraße der Costera Miguel Aleman rechts den Berg hinauf zu unserem Hotel. Ich schaute aus dem Fenster des Busses und sah in leuchtenden Schriftzügen das Logo World Gym. Ich wusste in diesem Moment sofort wohin der Weg mich führen würde. Ohne das Zimmer zu inspizieren oder den Koffer auszupacken lief ich die Straße wieder bergab bis zum World Gym. Leider war es kein Gym, sondern nur ein Shop der die Trainingsbekleidung der Marke verkaufte. Ein wenig enttäuscht ging ich trotzdem hinein. Rechts am Eingang war der Tresen und dort stand ein breitschultriger muskulöser Typ und schaute mich an. Ich fragte ihn, ob wir uns in Englisch unterhalten könnten und er bejahte.

Ich jetzt trainingssüchtig fragte ihn wo ich denn ein paar Gewichte heben könnte. Er stellte sich mir vor und bot mir, einen Wildfremden an noch am gleichen Abend mit ihn ins 2 Minuten entfernten Gym zu gehen. Dies schien mir dann doch zu heftig und wir verabredeten uns für den darauffolgenden Tag. So ging ich einen Tag später zu meinem neuen Workuppartner. Marc war aus Oklahoma, arbeitet kurze Zeit in Los Angeles und erwarb dort unter anderem vom Arnold Schwarzenegger die Lizenz das World Gym in Mexico zu betreiben. Auf seiner Pinnwand im Shop waren viele Größen des Bodybuildings zu sehen. Arnold Schwarzenegger, Lou Ferrigno, Franco Colombo und viele mehr. Marc selbst hatte zu diesem Zeitpunkt ein Kampfgewicht von 120 kg ein wirklicher Bodybuilder. Nebenbei hatte er eine Statistenrolle als Polizist in einer amerikanischen Serie die in Acapulco gedreht wurde. So ging ich 2 Wochen lang jeden Abend mit ihm um 19 Uhr ins Gym und wir trainierten zusammen. Ich lernte durch ihn einige einheimische Bodybuilder kennen die dort trainierten und wurde nach einigen Tagen auch von denen als Dazugehöriger akzeptiert. Statt am Strand habe ich viele Tage im Shop des World Gym verbracht. Marc und ich saßen zusammen und aßen gekochte Eier, wobei das Eigelb im zwischen uns stehenden Abfalleimer landete. Mir gefielen die langen Unterhaltungen, denn dadurch konnte ich meine Englischkenntnisse wesentlich verbessern. Eines Abends kam ich ins Gym und sah 2 braungebrannte sehr muskulöse Typen die hart trainierten. Mit ihren kurzen blonden Haaren sahen die beiden aus wie aus Kalifornien stammende Dreamboys. Als ich Marc auf die beiden ansprach, sagte er zu mir, die beiden kommen aus Deutschland. Natürlich sprach ich die Zwei an und wusste kurze Zeit später, dass sie aus Rostock kamen und einer der beiden deutscher Meister im Bankdrücken gewesen sein sollte. Die beiden kamen also aus Ostdeutschland, sprachen weder englisch, noch spanisch und an diesem Tag übersetzte ich ins Englische und Marc weiter ins Spanische. Der Trainingstag war ziemlich witzig, denn die Mexikaner beobachteten uns, verstanden aber nicht worüber wir uns unterhielten. Die zwei Rostocker sah ich danach nie wieder. Es kam einige Tage später auch zum Abschied zwischen Marc und mir. Wir sind in der kurzen Zeit freundschaftlich durch das Bodybuilding sehr zusammengewachsen und der Abschied fiel uns schwer. Er bot mir noch einen Job in seinem Laden an, doch mein Verdienst in Marl konnte er nicht annähernd bieten und so saßen wir an meinem letzten Tag bei einem 2. Frühstück zusammen und verabschiedeten uns voneinander. Ein Foto mit uns beiden machte er noch mit seiner Sofortbildkamera und so war mein Bild plötzlich

auf seiner Pinnwand mit all den Mr. Olympiateilneh-
mern und Größen des Bodybuildings. Zu meinem Leid-
wesen sah ich Marc auch nie wieder. So ist nun mal das
Leben, aus den Augen, aus dem Kopf.

Es war die Zeit, in der einer meiner damaligen Kumpels
auf die Bühne gingen. Maik war echt gut und gewann
in seiner Klasse oft den Wettbewerb. Nach meinem
ersten Besuch eines solchen Wettkampfes, ich glaube
es waren die westdeutschen Meisterschaften in Duis-
burg, erkannte ich wieviel Muskelmasse mir noch
fehlte. Ich hatte zwar eine muskulöse sportliche Figur,
war aber mit meinen 87 kg kein wirklicher Bodybuilder.
Der Wettkampf spornte mich an und ich wollte meinen
Oberschenkel, meine Schultern und vor allem meinen
Bauch wesentlich verbessern. Im Studio wurde ich von
meinen Sportkameraden oft mit Jean-Claude van
Damme verglichen, mir wäre Flex Wheeler lieber gewesen. Ich fokussierte mein Training nun auf meine
Schwächen und erkannte nach einigen Wochen, dass
mein Körper wohl von Natur aus an seine Grenze angekommen war und ich keine Verbesserungen mehr er-
zielen konnte. Ich hatte dann 88 kg Körpergewicht und
war in der Form die ich danach nie mehr erreichen
sollte. Mit Gewalt schaffte ich noch eine Gewichtszu-
nahme bis 92 kg, hatte aber dabei schon Speck an den
Hüften und am Bauch angesetzt.

Zu dieser Zeit hatte sich auch ein neuer junger Sportler bei uns neu angemeldet. Ich erkannte wie alle anderen auch welch ein Potenzial er mitbrachte. Wir kamen sofort ins Gespräch und ich erfuhr seinen Namen. Dennis war 18 Jahre alt und ein sehr netter Kerl. Er trainierte jeden Werktag gegen 17 Uhr und so sahen wir uns nicht immer, aber oft. Es kam auch vor, dass wir die eine oder andere Trainingseinheit zusammen absolviert haben und uns gegenseitig anspornten. Mittlerweile war ich ja schon ein erfahrender Sportler im Studio und konnte ihm so manch wertvollen Tipp geben. Irgendwann fragte er mich, ob wir nicht zusammen trainieren könnten und so verbrachten wir einige Monate zusammen im Studio. Durch meine Wechselschicht konnte ich nicht jede Trainingseinheit mit ihm absolvieren, doch wir beide passten zusammen. Er wog 92 kg und ich zu diesem Zeitpunkt 90 kg. Dennis aber legte sehr gut zu, er wurde im Gegensatz zu mir immer besser und ich erkannte, dass er hier bei uns im falschen Studio war. Ich erzählte ihm, dass ich einen Freund habe, der schon viele Bühnenauftritte hinter sich hat und er würde einen Gymbesitzer aus Datteln kennen, der die Bodybuilder für den Wettkampf vorbereitet. Der bekannteste Bodybuilder in seinem Gym war der Mr. Olympiateilnehmer Günter Schlierkamp. Also rief ich meinen Kumpel Maik an und erzählte ihm von Dennis.

Maik wiederum versprach mir sich bei Dennis zu melden. Jetzt ist der Maik ein Typ der immer auf drei Hochzeiten gleichzeitig tanzt und die Hälfte vergisst. Er war ein super Bodybuilder, aber nicht sehr verlässlich. Nach etwa 2 Wochen erzählte Dennis mir, dass der Maik sich noch nicht gemeldet hat und ich versprach Dennis mich noch einmal darum zu kümmern. Also sprach ich noch einmal mit meinen Freund Maik und dieses Mal stellte er den Kontakt nach Datteln her. Dennis nahm kurz darauf in Essen bei den Newcomern und Landesmeisterschaften teil. Im Schwergewicht triumphierte und deklassierte er die Konkurrenz. Im weiteren Verlauf gewann Dennis mit mir als Zuschauer die westdeutschen Meisterschaften. Er wurde IFBB Champion in Deutschland. Später wurde er Mr. Universum und beantragte die Profilizenz. Als Mr. Olympiateilnehmer erreichte er oft das Finale, doch zum Sieg reichte es für ihn nie. In der Zwischenzeit lebte er in Las Vegas und ich habe seit seiner Zeit nach der erzielten deutschen Meisterschaft keinen Kontakt mehr zu ihm gehabt. Trotzdem hoffe ich ihn noch mal wiederzusehen. Für mich hatte er immer die perfekteste Figur aller Mr. Olympiateilnehmer und es wäre meiner Meinung gerecht gewesen auch ihn als Nichtamerikaner vor Jay Cuttler oder Ronny Coleman gewinnen zu lassen. Irgendwann werden wir uns wiedersehen und ich hoffe er weiß noch wer ich bin.

Da ich unterschiedliche Arbeitszeiten habe, trainiere ich auch morgens. Nach einer Trainingseinheit musste ich noch für die Bauchmuskeln sit ups machen. Ich machte die Übung vor dem Gymnastikraum der Damen und konnte so durch die Glasscheiben hineinsehen. Ich traute meinen Augen nicht. Eigentlich kannte ich fast alle Mitglieder des Clubs, aber die Frau, die dort mit einer Trainerin alleine Übungen machte, kannte ich nicht. Mit ihren 160 cm und sehr sportlichen Figur hüpfte sie hin und her und ich beobachtete wie ihr langes lockiges schwarzes Haar im Rhythmus mit wippte. Neben mir trainierte Martin, er war wie ich gut, aber nicht gut genug und er beobachtete meine Traumfrau auch. Wir grinsten gemeinsam um die Wette und mussten ziemlich blöde für die Anderen ausgesehen haben. Natürlich sah ich die Schwarzhaarige seitdem öfter, denn sie hatte sich neu dort angemeldet. Ich erfuhr von der Trainerin ihren Namen und das sie in Scheidung lebt. Ein Hoffnungsschimmer tat sich auf. Mit meinen damals 29 Jahren stand ich voll im Leben. Meine Kumpels, alles Bodybuilder und die meisten besser als ich gingen am Wochenende immer aus. Die Disko Prater in Bochum am Freitag und der Club Mudia Art in Essen am Samstag haben es uns angetan. Auch war damals im Centro in Oberhausen in der Gaststätte König immer sehr viel los und wir regelmäßig zum Feiern dort. So kam es, dass ich meiner schwarzhaarigen Traumfrau jetzt öfter über den Weg gelaufen bin. Aber außer ein Lächeln und einem Kopfnicken ging ich immer mit einem weinenden Herzen nach Hause. In meinem Inneren aber wusste ich, die Frau ist es. Zumindest kannte ich jetzt schon ihren Namen.

Die Fußballmannschaft gab es auch noch, doch löste sich die Hobbyliga auf und wir fanden keine Gegner mehr. Wir beratschlagten uns und kamen zu der Idee uns einem eingetragenen Verein anzugliedern. Nach der Abstimmung stand fest, wir spielen demnächst in schwarz-gelb als 3. Mannschaft für die Spvg. Marl. So hatten wir die Gewissheit jedes Wochenende einen Gegner zu haben. Im 2. Jahr nach unserer Gründung stiegen wir Bodybuilder sogar von der Kreisliga C in die Kreisliga B auf. Einer meiner Mannschaftskollegen in der Fußballmannschaft war O. Er wiederum war ein Bekannter von meiner Traumfrau, deshalb vergaß ich nach dem gemeinsamen Training nie ihm zu sagen er solle sie von mir Grüßen. Sie wusste nur nicht genau wer ich war.

Das Training stagnierte. Bankdrücken schaffte ich 1-mal 140kg, mein persönlicher nie mehr erreichbarer Rekord. Wenn man mit Leuten trainiert die 180 kg oder sogar 200 kg drückten war das deprimierend. Mit meinem neuen Trainingspartner Jürgen knüppelten wir

Beine. 180 kg Kniebeugen 10 Wiederholungen und insgesamt unzählbare Sätze waren meine Bestleistung. Jürgen schaffte mal eben 240 kg und wieder hinkte ich hinterher. Es dauerte nicht lange und ich bezahlte zum ersten Mal die Zeche. Nicht beim aber vom Training. In der Freizeit zuhause gebückt und da war der Messerstecher wieder und stieß zu. Meine Augen traten aus den Höhlen, die Luft blieb mir weg und ich wusste nicht mehr vor noch zurück. Irgendwie ins Auto geschafft und ab zur neueröffneten Praxis gegenüber dem Studio. Nach langer Untersuchung, Röntgenbilder und dem Gespräch mit der Orthopädin stand fest, Bandscheibenvorfall am 5. Lendenwirbel. Vorher habe ich mir nie Gedanken darüber gemacht, dass das Training mit schweren Gewichten meinem Körper so übel kennzeichnen könnte. Trainingsverbot für 6 Wochen wurde mir erteilt. 6 Wochen? Vom Kopf her unmöglich. Spritze in den Po und bis zum nächsten Termin in der orthopädischen Praxis zuhause bleiben und schonen. Ich machte danach nie mehr Kniebeugen. Die Beinpresse wurde jetzt beim Beintraining mein bevorzugtes Gerät. Die ersten Tage zuhause waren die Hölle. Ich konnte im Spiegel zuschauen wie die Muskeln sich zurückbildeten. Oder war es nur Einbildung? Naja, 6 Wochen sollten irgendwann auch mal vorbeigehen. Nach 2 Wochen hatte ich keine Schmerzen mehr, ging wieder arbeiten und nach dem Motto, wer arbeiten kann, darf auch trainieren, stemmte ich wieder Gewichte. Ich wusste es damals besser als meine Ärztin. 3 kg an Körpergewicht in den 2 Wochen verloren. Schlimmer ging nimmer. Ich war jeden Tag auf der Waage und wehe sie hat weniger angezeigt als am Tag davor. 85,0 kg, gestern 85,1 kg, also ein Glas Wasser trinken und noch mal wiegen. Die Psyche beeinflusste das Training und mein Leben. Das erstaunliche daran war, ich nahm die verlorenen 3 Kg nie mehr zu. Es gab da ein neues natürliches Mittel namens Kreatin, zusammen mit Aminosäuren sollte es einen ähnlichen Effekt haben wie anabole Steroide, bei mir aber blieb auch damit der erwünschte Effekt aus. Ich speicherte davon Wasser an Bauch und Hüften und so setzte ich es wieder ab. Lieber 85 kg ohne Bauch und Hüftspeck wiegen als die 90 mit dickem Bauch zu haben war meine Einstellung. Das Training dümpelte so vor sich hin und zum ersten Mal fehlte mir die Motivation. Ich hörte auf mit dem Fußballspielen und konzentrierte mich nur noch auf mein Training im Gym. Ich fuhr dort auch herunter. 4-mal die Woche war mein Trainigsplan den ich bis heute versuche einzuhalten. Und so kam es wie es kommen muss, ich nahm wieder etwas ab. Nicht während des Trainings, aber immer, wenn ich aus dem Urlaub kam, hatte ich etwas weniger und holte diese Gewichtsreduktion nicht wieder auf natürliche Weise auf. Mit dem verringerten Körpergewicht reduziert sich auch die

Kraft und so wurden aus 8-mal 120 kg Bankdrücken 10-mal 100 kg. Der Frust saß tief. Wenn ich heute nur noch 1-mal 100 kg drücken würde wäre ich stolz, aber das konnte ich damals noch nicht wissen. Ich weiß noch ganz genau den Tag an dem ich eine für mich unüberwindbare Grenze überschritt. 10-mal 100 kg auf der Flachbank drücken war mein Ziel. Egal was ich anstellte, es klappte nicht. 8-mal war ok, mehr kam damals nicht. Als ich einen Montag nach 12 Stunden arbeiten um 19 Uhr ins Studio kam. 4 Flachbänke standen dort aufgereiht unter der Fensterfront. Jede Bank rief mich zu sich, nur waren an diesem Abend alle besetzt. Das Brusttraining muss nun mal mit Bankdrücken anfangen und wegen der Motivation darf man nie weniger drücken als beim Training davor. Man wurde auch von den Freunden im Gym beobachtet und die wussten das Gewicht genau das man vorher gedrückt hat. Manchmal wurde man auch mit den Worten, na abgenommen begrüßt. Das war die Höchststrafe und bewirkte Wut auf sich selbst. Der Trainingskamerad könnte es ja ernst gemeint haben. An diesem Trainigstag waren also alle Bänke besetzt und so schaute ich dumm aus der Wäsche. An der zweiten Bank trainierte ein grauhaariger Mann allein und ich fragte ihn, ob ich mit einsteigen dürfte. Er selbst hatte gerade 40 kg auf der Hantel und bejahte meine Frage lächelnd. Ich dachte er hätte nicht mehr drauf und legte ich mich hin und machte mich mit seinem Gewicht warm. Was ich nicht wusste, er machte sich auch gerade erst warm. Ok, ich erhöhte auf 60 kg was auch noch zum Warmmachen zählte und ging dann auf 80 kg. Der Typ hielt mit. Ich hielt ihm für alt mit seinem grauen Haar, aber bei richtiger Betrachtung war die Figur für sein Alter gar nicht so schlecht. Natürlich konnte ich unter der langen Hose und dem Sweater nichts Genaues sehen, aber die Schultern waren breit und die Brust sah man auch durch das Oberteil abzeichnend. Ich also auf 90 kg die für mich ja kein Problem waren. 10-mal und fertig. Er auch. Ups, also ran an die 100 kg. Acht Mal rauf und runter, eingehängt und voller Motivation wie der stolzeste Hahn aufgestanden. Jetzt war der Grauhaarige dran. Ich zählte mit 1,2,3 usw. bei 8 staunte ich nicht schlecht, er hörte aber nicht auf und hängte bei 10 ein. Lächelnd stand er auf und ich ärgerte mich insgeheim. Also kurze Pause und noch mal ran. 100 kg und los. Ich wollte mich nicht geschlagen geben und dieses Mal zählte er mit. 8,9, und 10 Rekordwiederholung für mich. Jetzt war ich wieder stolz und zufrieden. Die Motivation hat mich angetrieben und dazu gebracht 10-mal die 100 kg auf der Flachbank zu drücken. Für viele ist das nicht viel, für mich war es aber das Ziel und dieses Ziel habe ich nun erreicht. Die nächste Ansage war 6-mal 120 kg drücken, was ich auch irgendwann schaffte. Mein Partner für diesen Abend war sehr höflich und stellte sich dann auch bei mir vor. Georg, ich glaube 55 Jahre alt und wir wurden bis zu seinem Tod mit 78 Jahren gute Bekannte. Georg wurde seines Alters wegen zu meinem Vorbild. Mit 70 Jahren drückte er noch locker die 130 kg auf der Bank und sah seinem Alter entsprechend sehr gut aus. Leider verstarb Georg viel zu früh und ich konnte mich nie so richtig von ihm verabschieden, denn auch mir stand ein Todesfall, der meine ganze Zeit und Energie kostete, bevor.

Es war das Karnevalswochenende, der 21. Februar 1998 als mein Trainingspartner und ich uns verabredeten und am Samstagabend nach Essen ins Mudia Art fahren wollten. Der Club war sehr angesagt und die Eingangskontrolle durch 2 Damen sehr streng. Viele vermeintliche Besucher durften den Heimweg antreten, ohne überhaupt durch den Einlass gekommen zu sein. Wir trafen uns damals im Karnevalsfestzelt in Marl Frentrop und wollten eigentlich nur kurz dortbleiben und dann gegen 23:30 Uhr weiter nach Essen fahren. Eigentlich. Es kam aber anders. Die Kumpels Maik und Markus aus dem Fitnessstudio und mittlerweile meine Freunde geworden waren auch da. Wir hatten Spaß und fragten die beiden, ob sie nicht mitfahren wollten. Wir hatten schon Weiberfastnacht zusammen gefeiert, doch die beiden wollten im Zelt bleiben. Jürgen wollte nur noch sein Bier austrinken und dann sollte es losgehen. Plötzlich völlig unerwartet sah ich dann die schwarzen langen Locken neben einer Blondine stehen. Im Oktober schon hat sie mir zum 30. Geburtstag gratuliert und wir hatten uns kurz unterhalten. O hat meine Grüße immer weitergegeben. Sie sah auch mich und lächelte mir zu. Ich stieß Jürgen an und wir gingen auf die beiden zu. Die Absprache zwischen uns war, dass er sich um die Blondine kümmern sollte. Ich wollte mich mit meinem Traum von Frau unterhalten. Mein Herz pochte und alles Selbstbewusstsein aus dem Gym war wie weggeblasen. Mudia Art in Essen war vergessen. Der Abend war fantastisch. Später am Abend durfte ich sie im Arm halten. Wir unterhielten uns toll und hatten viel Spaß. Der Morgen kam, die Sonne ging auf. Mein Freund und ich fuhren mit den beiden Frauen zum Frühstücken in den Marler Stadtteil Sinsen. Meine Eroberung und ich setzten uns nebeneinander auf die Bank und bestellten das Frühstück. Mein Kumpel und seine Begleitung saßen uns gegenüber. Irgendwie, irgendwann hielten sie und ich Händchen, dann der erste Kuss und wir waren zusammen. Mein Freund ging nach diesem Frühstück wieder seinen eigenen Weg, blieb aber erst mal mein Trainingspartner.

Im Gym trainierten wir zusammen, aber irgendwie konnte ich mich körperlich nicht mehr verbessern. 85 kg brachte ich jetzt schon eine ganze Weile auf die

Waage. Zusammen beobachteten wir im Studio die Karriere vom Dennis als Profi im Bodybuilding ganz genau. Er war oft Thema, denn so wollten wir auch aussehen. Ein Traum der utopisch war. Wir drückten ihn jeden Mr. Olympia-Wettkampf die Daumen und waren enttäuscht, dass er nie Sieger war. Ich glaube der dritte Platz war sein bestes Ergebnis. Trotzdem ist er in unserem Sport der beste deutsche Bodybuilder aller Zeiten und ich hatte ganz kurze Zeit die Ehre mit ihm trainieren zu dürfen. Schade nur ist, dass in Deutschland dieser sehr mühevolle Sport keine richtige Anerkennung bekommt. Die öffentlichen Medien übersehen die hervorragenden Leistungen der Wettkampfbodybuilder einfach. Das harte jahrelange Training, vor dem Wettkampf die wochenlange strenge Diät, dazwischen genau abgestimmte Nahrung zu sich nehmen, nichts wird honoriert. Im Gegenteil, in Marl gab es die Kraftsportabteilung des VFB Hüls. Die Jungs dort stellen jedes Jahr deutsche Meister, Europameister und sogar schon Weltmeister. Halten in den Disziplinen Bankdrücken, Kreuzheben und Kniebeugen deutsche Rekorde und was tun die öffentlichen Medien? Ein kleiner Artikel im lokalen Teil nach einem Wettkampf, das war es. Unterstützung von anderer Seite gab es auch kaum. Trainieren durften diese Kraftsportler in einem Gym aus Holz am Badeweiher vor dem Marler Chemiepark. Was hat Marl eigentlich? Womit könnte Marl außer mit dem

Grimme Preis Werbung für sich machen? Marl hat nichts und dann werden hier hart arbeitende Sportler Weltmeister oder Europameister und keinen interessiert es. Es ist einfach nur Schade, dass diese sportlich erfolgreichen Männer und Frauen hier keine Anerkennung bekommen. Genau, Frauen gibt es auch die Krafttraining betreiben und das mit großem Erfolg und von der Öffentlichkeit nicht mitbekommen. Marlis ist eine der erfolgreichen Frauen. Marlis kam irgendwann einmal zu uns ins Studio und fing mit Krafttraining an. Wenn wir auf der Flachbank waren schaute sie immer zu und holte sich jede Trainingseinheiten Tipps ab. Da gab es den Manni, 65 Jahre alt, war auch beim VFB Hüls und mehrfacher deutscher Meister im Bankdrücken. In seiner Altersklasse hielte er mit 170 kg den deutschen Rekord. Manni trainierte nur auf Kraft und Stärke. Marlis war die Frau die nach einiger Zeit mit ihm trainierte. Mit 60 kg Körpergewicht drückte sie bald mehr als sie selbst wog. Sie hatte Motivation und Spaß. Sie wurde stärker als mancher Mann der sich Kraftsportler nannte. Ich selbst habe gesehen wie sie mit dem Drückerhemd 100 kg auf der Flachbank drückte. Sie hält bei Meisterschaften in ihrer Klasse die deutschen Rekorde, wurde für den VFB Hüls deutsche Meisterin, gewann öfter die Europameisterschaften und wurde sogar Vizeweltmeisterin. Bekam sie irgendwelche

Unterstützung? Nein, die Fahrten und das Übernachten zu den Wettkampfstätten müssen von den Sportlern selbst aufgebracht werden. Für so viele unnötigen Dinge gibt die Stadt Marl das Geld der Steuerzahler aus und bei den heimischen Vorzeigesportlern schauen die Verantwortlichen einfach weg. Es reicht ja wenn es in der Nachbarstadt den FC Schalke 04 gibt.

Auf der Arbeit arbeitete nebenan ein Bodybuilder. Ab und zu kam er in den Pausen zu uns in den Leitstand und wir unterhielten uns. R war 12 Jahre älter als ich, trainierte schon seit 1978 mit Gewichten und war bei allen sehr beliebt. Er gab mir damals als Anfänger wertvolle Tipps. Später wurden wir die besten Freunde. Wir waren wie Brüder und wurden später auch Trainingspartner. Ingo ein anderer Arbeitskollege betrieb den Sport auch und Ingo besaß die Bibel. Unsere Bibel war ein gefühltes 3kg schweres Buch von Arnold Schwarzenegger. Wir verschlangen diese Lektüre, lernten es fast auswendig und probierten seine Trainingstipps in der Praxis aus. Aus den alten, halb abgerissenen Destillationskolonnen demontierten wir die nicht mehr gebrauchten Kontergewichte ab, besorgten uns ein etwa 160cm langes ein zölliges Rohr und bauten uns eine Langhantel. Schaumstoffpolster aus den Kisten in denen die Glaslaborgeräte transportiert wurden, wurden auf die Holzbank in der Kaue gelegt und wir konnten in den Pausen trainieren. Wir waren einfach verrückt nach Gewichtstraining und bewunderten beim Training die aufgepumpten Muskeln im Spiegel.

Der Sommer ist die Zeit der schönen Körper. Egal ob am Strand im Urlaub, zuhause im Schwimmbad oder am Abend beim Ausgehen, natürlich im engen T-Shirt. An den Türen der Clubs standen andere Bodybuilder und man kannte sich. Am Eingang wurden die Hände geschüttelt, Smalltalk gehalten und dann gefeiert. Manchmal sind wir mit 3 vollen Autos in die Clubs des Ruhrgebiets gefahren und hatten immer Spaß. Wir formten in der Woche unsere Körper, gingen unter der künstlichen Sonne im Studio und mischten uns am Wochenende unter den Feiernden. Bodybuilding in den 90ern war einfach in. Es war für mich aber auch eine Sucht, noch heute kann ich an freien Tagen nicht nicht zum Training gehen. Jede Trainigseinheit bringt ein weiter. Der Muskel soll wachsen, no pain, no gain.

Leider wird der Sport auch von mir ohne Rücksicht auf Verletzungen geführt. Ich vergleiche das Training oft mit einen Porsche. Den Sportwagen kann ich mit Sicherheit auch mal im roten Drehzahlbereich fahren, das macht ihm nichts. Sollte ich allerdings das Auto immer im roten Bereich bewegen, fahre ich den Motor kurz über lang kaputt. Im Kraftsport oder beim Training eines Bodybuilders geht man mit seinem Körper immer an seine Grenze. Man mutet ihn unwahrscheinlich viel zu. Stemmt in jeder Trainingseinheit Tonnen an Eisen in die Höhe und fährt so mit seinem Körper jedes Mal in den roten Bereich. Das auch bei mir und die Rechnung muss irgendwann bezahlt werden. So besuchte mein alter Bekannter mich mal wieder. Er kam ohne Vorankündigung und brachte auch sein Messer wieder mit. Meine Lenden explodierten und ich musste von der Orthopädin in die Röhre zum MRT. Die Diagnose wurde mir mitgeteilt. Bandscheibenvorfälle im 4. und 5. Lendenwirbel.

Irgendwann, ich glaube es war im Juni 2005 als mich ein früherer Mitspieler fragte, ob ich nicht für einen abgesprungenen Kollegen die Abschlußfahrt zum Ballermann mitmachen wolle. Da ich noch viele Spieler aus meiner Zeit aus dem Team kannte sagte ich zu und fuhr mit nach Mallorca. Die Fahrt war super, ich lernte damals den Horst kennen. Wir kannten uns vorher nicht, sahen uns und waren uns sofort sympathisch. Es war wie Liebe auf den ersten Blick und wir zusammen wie Zwillinge. Das Ende vom Lied, ich meldete mich wieder aktiv beim Fußball an. 1997 hatte ich bei den schwarz-gelben die komplette Saisonvorbereitung hinter mich gebracht als wir das erste Vorbereitungsspiel an einen Donnerstagabend in Bertlich absolvierten. Es geschah in der zweiten Halbzeit, ein Zusammenstoß in der Luft im Kampf um den Ball und mein Gegenspieler schaffte es, dass mein Knie nicht mehr dort war wo es hingehörte. Wieder Schmerzen und Durchhalteparolen der Mitspieler bis der Krankenwagen ankam. Eine halbe Stunde später lag ich im Trikot, total verdreckt im Krankenhaus auf dem Tisch und wurde untersucht. Verdacht auf Kreuzbandriss wurde diagnostiziert. Operation Montagmorgen sieben Uhr. Als der Gips Montag vor der OP abgenommen wurde habe ich 4cm Beinumfang am Oberschenkel verloren. So ein Mist. Es wird monatelang dauern das wieder aufzubauen. Aber mein Krafttraining hatte hier mal einen Vorteil für mich. Obwohl ich meine Oberschenkel für zu dünn gehalten habe, hat der operierende Arzt mir bei der Analyse gesagt, dass das Kreuzband dank meiner starken gut entwickelten Beinmuskulatur gehalten hat. Es war nur der Meniskus kaputt und die Kniescheibe angebrochen. Toll, wieder Trainingspause, zumindest beim Beintraining waren meine ersten Gedanken. Mein linkes Knie wurde nie wieder so stabil wie vor der Verletzung. In der Kur redete die Ärztin von einem Wackelknie.

Ähnlich erging es mir als ich nach der Mallorcafahrt 2005 wieder anfing mit dem Fußball. Im Alter von fast 38 Jahren spielte ich in der 2. Seniorenmannschaft. Doch dieses Mal auf der Position meiner Leidenschaft. Endlich konnte ich auch im Verein mein früheres Idol Toni Schumacher kopieren. Es war ein heißer Sommertag, das erste Training stand an. Wir mussten auf den

Ascheplatz, auf dem Rasen trainierte die erste Mannschaft für den Klassenverbleib in der Verbandsliga. Die ersten Bälle auf mein Tor waren zum Warmschießen. Mal einen links unten, mal einen rechts oben rausholen. Ich fühlte mich wohl und war ziemlich entspannt im Tor. Es klappte nach all den vielen Jahren noch. Kindheitserinnerungen kamen zurück wie ich damals als 10-jähriger auf den Bolzplatz mit meinen Glanzparaden meine Freunde zur Verzweiflung brachte. Ich durfte jetzt Toni Schumacher sein, der Held im Tor der deutschen Nationalmannschaft. Unvergesslich bleibt für mich das Halbfinale der Weltmeisterschaft 1982. Wir gegen die Franzosen mit Michel Platini. 1:1 nach 90 Minuten, Tonis Foul an Battiston. Aber noch mal zur Erinnerung und Gänsehaut bekommen. 1:.0 für Deutschland durch den Kölner Littbarski. 1:1 Platini. Kurz vor dem Ende Lattenschuss der Franzosen, im Gegenzug hat der Ex-Schalker und nun für den FC spielende Klaus Fischer den Sieg auf den Fuß, doch es bleibt beim Unentschieden. In der 57. lief der Battiston allein auf das deutsche Tor. Toni aus dem Tor ihm entgegen. Jeder konnte erkennen, diesen Ball bekommt der Toni vor dem Battiston nicht mehr. Der Toni selbst erkannte dies auch und sprang den entgegenstürmenden Franzosen einfach im vollen Lauf an. Hinterher hieß es die Schande von Sevilla wegen des Fouls an Battiston an diesem 8.Juli 1982. Der Schiedsrichter hätte Rot zücken müssen, tat es aber nicht und so sollte unser Torwart noch die spielentscheidende Figur werden. In der Verlängerung gingen die Franzosen schnell in Führung und erhöhten dann noch vor der Pause auf 3:1. Das Spiel schien zu unseren Ungunsten entschieden gewesen zu sein. Jupp Derwall wechselte den am Oberschenkel verletzten Bayernspieler Karl Heinz Rummenigge ein und dieser bedankte sich 3 Minuten später mit einem Tor zum 2:3. Jetzt rannte die deutsche Mannschaft das Tor der Le Bleu an und wurde belohnt. Das Tor zum 3:3 war ein typischer Klaus Fischer Treffer. Sein Fallrückzieher wurde zum Tor des Jahres gewählt und jetzt musste zum ersten Mal ein Elfmeterschießen bei einer Fußballweltmeisterschaft über Sieger und Verlierer entscheiden. Es stand 2:3 gegen uns und bisher ging jeder geschossene Elfmeter rein als Uli Stielike zum Punkt lief. Uli war damals für Real Madrid unterwegs und eine eigentlich verlässliche Person. Er lief an und verschoss. Ihm war sofort bewusst was passiert war. Finale futsch. Mit tränenden Augen ging er seinen Mannschaftskollegen entgegen und der Toni ihm in den Arm nahm und ihm ein Versprechen gab. Die nächsten beiden Elfer halte ich waren seine Worte. Didier Six und Maxime Bossis liefen für die Franzosen noch an und der Toni hielt die Strafstöße. Horst Hrubesch machte dann als letzter Schütze den insgesamt 8:7 Sieg für die deutschen klar. So schön für uns, aber auch so grausam für die Nationale Trikolore kann Fußball sein. Es war für mich das bisher spannendste Spiel aller Zeiten. Ich hing damals mit meiner Familie im Wohnzimmer vor dem neuen Farbfernseher und fieberte mit ganz Deutschland mit. Leider gab es bei dieser Weltmeisterschaft für uns kein Happy End. Im Finale zerlegten die Italiener uns und gingen schon in der ersten Halbzeit mit 3:0 in Führung. Am Ende hieß es 3:1 und wir waren nur Vizeweltmeister.

Dieser Held wollte ich immer sein. Ich wollte der Toni Schumacher werden, war aber einfach nicht gut genug. Jetzt stand ich also im Tor eines Kreisligavereins und das erste Training schlich dem Ende zu. Noch ein paar Bälle auf das Tor und dann duschen. Der Schuss, der mir entgegengebracht wurde war noch nicht einmal fest geschossen, völlig unplatziert kam der Ball auf mich zu, setzte kurz vor mir auf und sprang unglücklich an meinen linken Zeigefinger. Es tat verdammt weh. Ich erließ die nächsten Schüsse über mich ergehen und ging dann zum Duschen. Am nächsten Morgen pochte der Finger immer noch und ich ging zur Arbeit. Mein Arbeitskollege Uwe, selbst Torwart bei Westfalia Reken sah meinen Finger, das vorderste Glied nach vorn geklappt und erzählte mir was von Strecksehnenriss. Er selbst habe dies auch schon gehabt. Ich wollte es nicht glauben und stand einen Tag später beim Training wieder im Tor. Die Rechnung bezahlte ich am Freitagmorgen. Die Schmerzen brachten mich fast um und ich saß als einer der Ersten bei meiner Orthopädin. Diagnose nach dem Röntgen, Strecksehne am linken Zeigefinger gerissen und dazu noch einen Knochenabriss. Sie telefonierte sofort mit ihrem Mann, den Chefarzt der Orthopädie in einem unserer Krankenhäuser und eine halbe Stunde später saß ich dort und bekam für Montagmorgen den Operationstermin. In meinen Gedanken sah ich schon wieder die Muskeln schwinden. Der Chefarzt redete von 8 Wochen Heilungszeit. Ich konnte doch 8 Wochen nicht aus dem Gym bleiben. Noch dazu haben wir in Ägypten die Surfweek mit Superstar Robby Nash in 6 Wochen gebucht. Die Welt schien mal wieder zusammen zu brechen. Pünktlich lag ich am Montag auf dem Operationstisch und wachte später mit Drähten im Finger auf. Nachmittags durfte ich dann nach der Unterredung mit dem behandelnden Arzt das Krankenhaus wieder verlassen. Ich verbrachte die Nacht zuhause und wurde am anderen Morgen durch das Läuten des Telefons geweckt. 7:30 Uhr rief der operierende Arzt mich an und redete davon das er beim Röntgenbild erkannt hat, dass einer der implantierten Drähte gerissen sei. Ich sollte am nächsten Tag mit einer gepackten Tasche wiederkommen. Weil es die 2 OP in drei Tagen unter Vollnarkose war, musste ich die Woche im Krankenhaus verbringen. Als ich die Augen öffnete waren neben neuen Drähten auch noch ein Nagel von vorne durch meinen ganzen Zeigefinger operiert worden. Der Finger wurde so steif gestellt. Das Gute daran war, ich sollte zwar nicht, bin aber trotzdem ins Studio zum Training gegangen. Die Übungen wurden meinem Handicap angepasst und der Muskelschwund konnte so aufgehalten werden. Nach 6 Wochen sollten die Drähte und der Nagel gezogen werden, doch die Untersuchung ergab, der Finger ist noch nicht wieder verheilt. In einer Woche stand das Surfen in Ägypten an und ich verabredete mit dem Chefarzt in einer Woche, einen Tag vor unserem Flug vorbei zu kommen. Er hatte wohl auch Mitleid und zog die Drähte aus dem Finger. Als der Nagel an der Reihe war, traute ich meinen Augen nicht. Ich dachte er erlaubt sich einen Spaß mit mir. Die Kombizange in seiner Hand sah aus wie 20 Jahre im Gebrauch einer Autowerkstatt und doch wollte er diese benutzen. Ohne Betäubung, etwas Eisspray auf den linken Zeigefinger, Luft kurz anhalten und dann kam der Ruck. Mir wurde kurz schwarz vor Augen und als ich wieder richtig sehen konnte winkte der Arzt mir lächelnd mit dem Nagel in der Hand zu. War doch gar nicht so schlimm war sein erster Kommentar. Ich bekam eine Kunststoffschiene, die ich noch eine Woche tragen sollte und saß am folgenden Tag im Flieger nach Hurghada. Der Club eines großen bekannten Reiseanbieters hatte natürlich auch einen Gym und so konnte ich tagsüber surfen und vor dem Abendessen die Muskeln trainieren. Eine Woche verging und ich durfte die Schiene am Zeigefinger entfernen. Der Finger blieb steif und war für mich von alleine nicht zu bewegen. Die Sehne war zu kurz und musste durch Strecken gedehnt werden. Die Tischkannten mussten für diese Übung herhalten und noch im Urlaub knickte ich den Finger an jeder Tischkannte unter Schmerzen immer weiter. Zuhause dann nach etwa drei Wochen war der Finger wieder einsatzbereit, doch im Tor der Fußballmannschaft stand jetzt jemand anderes. Der Toni im Kreisligateam war nun Ersatz. Zumindest im Gym konnte ich wieder Vollgas geben und mich zu meiner Genugtuung austoben.

Mein Traum und ich waren seit dem beschriebenen Karnevalwochenende ein Paar, sie war geschieden und hatte eine Tochter. Ich war anfangs ihr Herkules, die Kleine acht Jahre alt mochte mich. Wie fängt eine gutaussehende Frau einen Bodybuilder? Natürlich mit gutem Essen. Sie kochte hervorragend und ich aß nach dem Training oft bei ihr. Bei mir gab es ja nur Reis mit Pute, neuerdings auch mit Paprikastreifen statt der Ananas. Doch bei ihr waren plötzlich Rolladen, mit Kartoffeln und Rotkohl auf dem Teller. Sie war eine so gutaussehende Frau, dass die ganze Männerwelt ihr zu Füssen lag. Ich hatte das Glück ihr Herz erobern zu dürfen. Sie modebewusst musste sich meiner in Sachen

Kleidung annehmen. Die Sportbekleidung des Body-buildingausstatters Uncle Sam waren ihr ein Dorn im Auge und so gab es auch mal die eine oder andere Diskussion über meine Schuhe, Oberteile und Hosen. Wie bei allen Paaren setzte sie sich durch und ich verabschiedete mich in meiner Freizeit von Uncle Sam und Venice Beach. In einem Restaurant auf der Straße nach Haltern am See hielt ich dann kniend um ihre Hand an. Ich war nervös und sie danach noch nervöser, aber ein halbes Jahr später zogen wir zusammen und heirateten.

Ich war wie ich bin und trainierte ohne Rücksicht auf Verluste weiter. Mein Körpergewicht stellte sich bei 85 kg ein und ließ sich halten. Ich war kein Schwergewicht und fand mich damit ab. Den einen oder anderen Spruch, wie da kommt der Volleyballer ärgerten mich zwar, doch ließ ich es mir nicht anmerken. Neben meinen Bandscheiben, die sich immer wieder mal meldeten, machte mir neuerdings auch meine rechte Schulter Sorgen. Im Bett konnte ich nicht mehr auf der rechten Seite liegen, die Schmerzen wurden in der Nacht zu groß. Also wieder zur Orthopädin. Diagnose: Verschleiß durch Abnutzung und zu hohe Belastungen der letzten Jahre. Ich sollte die Schulter nicht mehr so hoch belasten und erst einmal 6 Wochen Pause vom Training machen. Und wieder sagte der Kopf, 6 Wochen geht nicht. Ich hatte an der Schulter ein Problem und so trainierte ich in den ersten 3 Wochen dreimal die Woche meine Beine. Danach stieg ich wieder ins Ganzkörpertraining ein und versuchte die letzten verlorenen Wochen aufzuholen. Die Probleme mit der Schulter blieben, bis mir ein neuer Arbeitskollege einen Tipp gab. Ralf war sein Name und er empfahl mir einen Heilpraktiker in der Nähe des Parkstadions in Gelsenkirchen Buer. Ich also angerufen und Termin ausgemacht. 6 Wochen später stand ich vor dem Ukrainer und er war voller Lobes meiner Figur wegen. Er interessierte sich für mein Training und fragte ganz neben bei wie oft ich im Monat trainieren würde. Stolz erzählte ich ihn davon, dass ich jeden 2. Tag im Studio sei. Und wie oft ich zur Massage gehe wollte er plötzlich wissen. Massage? Nie war meine Antwort. Er war erstaunt und erklärte mir, dass die Massage in meinem Sport genauso wichtig sei, wie das Eisen zu stemmen. Ich war erstaunt. Aber noch mehr erstaunt war ich, dass er meine mitgebrachten Röntgenbilder gar nicht sehen wollte. Er untersuchte mich und sagte mir dann, dass er heute mit der Behandlung anfinge, ich in 10 Tagen noch einmal wiederkommen sollte und das meine Sorgen wegen der Schulter dann behoben wären. Ich glaubte nicht was er mir da versuchte ins Ohr zu legen. 2 Jahre schon hampel ich mit den Schmerzen in der Schulter nun schon herum. Kein Arzt und deren Behandlungen haben mir geholfen und er erzählt mir von

2 Behandlungen bei ihm und der Schmerz soll weg sein. Scharlatan habe ich damals gedacht. Doch ich tat ihm Unrecht. So wie er es versprochen hatte, waren die Schmerzen nach 2 Behandlungen bei ihm weg. Ich hätte bis dahin nicht gedacht das die Akkupunktur und anschließende Massage und das Einrenken der Knochen so ein Erfolg haben könnten. Seitdem bin ich voller Lobes des Heilpraktikers in Buer. Nicht umsonst saßen dort auch einige Profis von Schalke 04 und ließen sich von ihm behandeln.

Mein Trainingspartner Jürgen zog dann in der Zwischenzeit in die Nachbarstadt nach Dorsten. Er hatte eine Frau kennengelernt, die aus Bottrop kam und die beiden wollten sich in der Mitte treffen. Unsere Trainingspartnerschaft wuchs auch im privaten zu einer wirklichen bis heute andauernde Freundschaft und ich genoss den Vorzug von ihm als Trauzeuge ernannt zu werden. Nur verlor ich ihn durch den Umzug und späteren Studiowechsel als Trainingspartner. Es war schade, denn wir waren beide auf der gleichen Schicht im Unternehmen, verstanden uns gut und waren annähernd beim Training auf einem Niveau. Ich trainierte also wieder mal allein.

Es sollte nicht lange dauern und mein bester Freund Ro, der bisher mit dem Schließer F und dem Elektriker H trainiert hatte, mit mir trainieren wollte. Das Dreigestirn trainierte seit Ende der siebziger zusammen und R verließ nun das Trio und schloss sich mir an. Wir beide haben uns zwar nicht gesucht, aber gefunden. Wir konnten miteinander kommunizieren, ohne zu reden. Wir wussten und verstanden voneinander. R gerade frisch getrennt von seiner Frau klinkte sich auch in seiner Freizeit bei uns ein. Es war ein Freitagabend, ich genoss das Singleleben, denn es war noch vor meiner Hochzeit mit meiner Frau und wir fuhren mit einigen Leuten aus dem Studio nach Bochum. Markus, Andreas, Volker, Roland, Jürgen, Maik und ich wollten mal wieder feiern gehen und Spaß haben. An diesen Abend hatten wir auch Spaß, aber nicht alle wie sie es wollten. Ein ehemaliger Arbeitskollege von Andreas war auch dort. Natürlich auch Kraftsportler die beiden früheren Püttrologen unterhielten sich kurz und wir schüttelten uns die Hände. Der Kollege vom Andy hatte im Gepäck zwei nette und überaus gutaussehende Damen dabei. Die eine Blond und die Andere eine Farbige. Zwei meiner Kumpels hatten bei der Farbigen Feuer in den Augen und buhlten um ihre Gunst. Mein Augenmerk gehörte natürlich der zukünftigen Ehefrau, denn sie feierte auch im gleichen Etablissement. Nach einer gewissen Zeit und stundenlanges konkurrierendes Buhlen der beiden um die schlanke Schwarze, fing der Kollege langsam, aber immer öfter an zu grinsen. Es stellte sich dann nach kurzem Gespräch mit mir heraus, dass er der Beschützer der beiden Damen war. Obwohl er war eigentlich nur der Beschützer der blonden Frau, denn die farbige Dame, war gar keine Frau. Sie oder er sahen wirklich umwerfend aus und im dunklen Licht wären wir wohl alle darauf reingefallen, mich miteingeschlossen. Ich erzählte diese Pointe natürlich allen, außer den beiden buhlenden Casanovas. Mit wachenden Augen beobachteten wir, dass Spektakel den ganzen Abend und erfreuten uns an der Ahnungslosigkeit der beiden Gockel. Ich weiß es war gemein, doch wir hatten Spaß. Irgendwann erlösten wir die beiden und erzählten ihnen in einer freien Minute die Wahrheit. Beide taten dann so, als wenn sie gar nichts von der Farbigen wollten und nur nett zu ihr waren. Noch heute lachen wir über diese Geschichte. Wenn jemand der Freunde Schoko Loko sagt, wissen die damals anwesenden Kumpels noch immer Bescheid. Einige Wochen später traf ich den Beschützer, dessen Namen ich leider vergessen habe noch mal wieder. Er erzählte mir, dass er noch für sein Männerstripteam gut durchtrainierte Männer suche und fragte mich, ob ich nicht Lust dazu hätte bei ihm mitzumachen. Ohne lange zu überlegen sagte ich großzügig und dankend ab. Strippen war nicht mein Ding.

Die Freundschaft zu R wuchs immer weiter an und wir beide waren wie Brüder. Nicht nur beim Training trieben wir uns zu Höchstleistungen an, auch privat verbrachten wir viel Zeit miteinander. Es war die Zeit meines 30. Geburtstages. Meine Traumfrau im Studio auf so ein Trimmrad sitzend gratulierte mir noch nachträglich und wir kamen ins Gespräch. R kam dazu, immer ein Stift und Zettel in seiner Bauchtasche und ich hatte die Telefonnummer meiner Traumfrau. Ihn fragte sie auch ein paar Wochen später, ob ich auch wieder trainieren kommen würde. Was für eine Frage, natürlich, ich brauchte das Training im Club wie die Luft zum atmen. Wir verabredeten uns dank R`s unfreiwillige Hilfe für den Dienstag nach Karneval und wollten zusammen nach Essen ins Kino, dort lief gerade der Film Titanic mit Leonardo di Caprio in der Hauptrolle. Ganz beiläufig fragte sie mich noch was ich am anderen Tag, am Karnevalssamstag machen würde. Das Ergebnis war dann doch kein zufälliges Treffen im Festzelt in Frentrop gewesen. R und ich waren füreinander da. Ich muss gestehen, er öfter für mich als ich für ihn, aber vielleicht brauchte ich nur öfter seine Hilfe, als er meine. Ich hatte aber auch Momente, die ich alleine durchstehen musste, sowie im August 1996. Samstagabend bei der Arbeit auf Nachtschicht ging ich wie jeder Mensch irgendwann einmal auf die Toilette und wollte wie jeder andere auch Wasser lassen. Nur was ich plötzlich sah war nicht so wie bei allen anderen. Was ich sah war eine Rotverfärbung. Schweiß trat auf meine Stirn und ich bekam es mit der Angst zu tun. So etwas hatte ich noch nie. Bei jedem weiteren Toilettengang wurde aus der anfangs leicht roten Färbung ein dunkles Rot. Das Problem von mir, wenn ich Samstag Nachtschicht habe, muss ich Sonntagnacht auch arbeiten. An Schlaf Sonntagmorgen und Montagmorgen war nicht zu denken. Nierenversagen spukte es in meinem Kopf herum. Ich sah mich schon tagein und tagaus mein Leben lang an der Dialyse. Horrorszenarien spielten sich in meiner Psyche ab. Damals wohnte mein guter Freund und Arbeitskollege noch in Marl, ganz in meiner Nähe und den klingelte ich Montagmittag aus dem Bett. Zusammen fuhren wir nach Dorsten ins Krankenhaus. Ich weiß nicht warum ich nicht in Marl in die Klinik wollte, Dorsten hatte sich komischerweise in meinem Kopf festgesetzt. Ich erklärte also dem Arzt warum ich überhaupt da sei und für ihn war die Sache schnell klar. Bodybuilder mit Blut im Urin kann nur Anabolikamissbrauch gewesen sein. Deshalb war die erste Frage welche Medikamente ich denn zum Muskelaufbau nehmen würde. Noch nie bin ich von irgendwelchen Leuten die kein Bodybuilding betreiben darauf angesprochen worden. Natürlich habe ich Proteinshakes, Aminosäuren und auch Kreatin zu mir genommen, aber keine Medikamente. Er glaubte mir nicht. So musste ich nach der Untersuchung dortbleiben. Wieder Trainingsausfall und dabei hatte ich zu dieser Zeit die Form meines Lebens, nie wieder sollte ich das Muskelvolumen wie mit 29 Jahren erreichen. Der untersuchende Arzt konnte beim Ultraschall nichts erkennen und so blieb ich an den schönsten Sommertagen im Krankenhaus. Jetzt war das so ein Ding mit der Nahrungsaufnahme. Alle drei Stunden musste ich etwas Essen. Nur bekommt man im Krankenhaus nicht alle drei Stunden etwas zum Essen. Ich lag im 4 Bettzimmer ganz alleine und am Morgen kam die Schwester Susanne mit der Liste, in der die Patienten ihre Wünsche durch ankreuzen weitergeben sollten. Ich kreuzte einfach alles an. Egal ob Joghurt, Haferflocken, Brötchen, Brot, Wurst, Käse, einfach alles was die Liste hergab. Beim Brot am Abend machte ich sogar aus der maximalen Menge von 3 Scheiben eine 5 mit meinem Kugelschreiber. Schwester Susanne, mit ihren blonden Haaren und den Sommersprossen lächelte nur, muss es aber weitergegeben haben, denn ich bekam jeden Tag mein angekreuztes Essen, auch von den anderen Schwestern. Es war ziemlich langweilig dort alleine in dem großen Zimmer und so guckte ich im Fernsehen bis mitten in der Nacht die olympischen Spiele von Atlanta. Ich schaute mir die Boxkämpfe und das Gewichtheben an als ich plötzlich Besuch auf dem Zimmer bekam. Völlig betrunken oder unter Drogen wurde dort jemand abgeliefert. Der Typ schlief aber nur, bestellte morgens sein Mittagessen und verschwand heimlich aus der Klinik. Zur Mittagszeit brachten die Schwestern nun aber 2 Essen und stellten die beiden Tablets an dem jeweiligen Bett ab. Ich aß meines schnell auf, stellte mein leeres Tablet zu dem verschwundenen Mitpatienten und fertigte sein Mittagessen auch noch ab. Hauptsache so viel Gewicht halten wie möglich. Ich kannte einen Kumpel der war so verrückt und wog sich nach dem Sex um zu sehen wie viel Gewicht er verloren hatte. Ich war schon verrückt, aber das übertraf sogar meine Einstellung zu dem Ganzen. Es wurde Donnerstag, ich hatte den Kuchen so langsam auf, mein Urin hatte wieder die normale Farbe, als der Chefarzt aus dem Urlaub kam. Er schaute sich die Bilder vom Ultraschall noch mal genauer an und erklärte mir an einen kleinen Schatten auf dem Foto wo ein Nierenstein gesessen hat. Dieser hatte sich gelöst und auf seinem Weg nach draußen das Gewebe angeritzt. Deshalb hatte ich Blut im Urin. Ich war glücklich, keinen Nierenschaden, keine Dialyse gehabt zu haben und war Samstag wieder beim Training.

Es kam der Tag als die große Clubfamilie sich auflöste. Man muss sich das so vorstellen, wir im Studio kannten uns alle seit Jahren, wir trainierten zusammen, gingen oft zusammen aus und schlossen Freundschaften. Der Boss und Besitzer des Fitnessstudios hatte eine neue

Vision und baute das Gym um. Bodybuilder waren seiner Meinung nach nicht mehr gefragt, er wollte nur noch Fitnesssportler als Mitglieder akzeptieren. Er baute den Laden monatelang um und die Kraftsportler und Bodybuilder, also die schweren Jungs schauten sich nach anderen Studios um. Da ich keiner der Schwergewichte war, konnte ich bleiben, aber an richtiges Training war in der Zeit nicht zu denken. Also fuhren R und ich in die Nachbarstädte und absolvierten in einigen anderen Studios Probetrainings. Ich entschied mich dann für eine große Fitnesskette, für die die Klitschkos Werbung machten in Recklinghausen. Meldete mich dort an, aber in Marl nicht ab, so bezahlte ich über zwei Jahre Beiträge für 2 Fitnessbuden. Ich traf dort einige aus meinem Studio in Marl. Thommy, der später westdeutscher Meister bei der IFBB wurde, Dieter, Curtis, Jürgen und Uli hatten sich auch für das Gym in Recklinghausen entschieden. So war ich doch nicht allein dort und kannte zumindest einen Teil der dort Trainierenden. Ein Jahr später konnte ich dann auch meinen Partner, Freund und Bruder überreden sich dort anzumelden und wir konnten wieder zusammen jeden freien Tag trainieren. R hatte sich vorher im Urlaub wieder verliebt und war nun in einer Fernbeziehung. Sie war Holländerin und nicht gut auf Deutsche zu sprechen. R war frisch verliebt und bei mir klopfte ein alter Bekannter wieder an. Er hat lange gewartet und das Messer geschärft, denn ohne es vorher zu erkennen stieß er zu und meine Lendenwirbel tanzten Salsa. Meine Orthopädin tat ihr nötigstes und wir versuchten auch noch die Akkupunktur. Nach der 12. Sitzung neben den Spritzen, die ich bekam, trat Besserung auf. Ich war dann noch bis zur 18. Sitzung bei ihr in Behandlung. Im Abschlussgespräch erklärte sie mir, dass ich mein ganzes Leben wegen der Bandscheiben zu ihr oder einen anderen Orthopäden gehen würde. Dies war der Zeitpunkt mein Training zu verändern. Kniebeugen und Kreuzheben machte ich schon lange nicht mehr und nun versuchte ich das Bankdrücken auch auszuschließen. Es mussten Alternativübungen gefunden werden, es war schwer genug Bodybuilding ohne Bankdrücken zu betreiben. Auch meine Passion der Fußball fiel meinen Bandscheiben zur Folge zum Opfer. Obwohl es war nicht nur wegen der Lendenwirbel. Die neue Saison begann, der alte Trainer hat ein besseres Angebot von einem höher spielenden Verein angenommen und bei uns überredeten wir zwei dem Verein treu ergebene Mitspieler das Training zu leiten. Wie immer begann die Vorbereitung zur neuen Spielzeit mit Konditionstraining. Knüppelhart liefen wir wochenlang Kilometer ab. Fußball haben wir aber auch noch gespielt. Ich freute mich wieder einigermaßen fit zu sein und war sehr motiviert. Fußball war meine Leidenschaft ich war immer mit Freude dabei. Egal ob passiv in Müngersdorf oder aktiv unter Freunden. Nur wer Freunde hat, braucht keine Feinde. Dies bekam ich am ersten Spieltag zu spüren. Zum Treffen am Sonntagvormittag war ich wie immer pünktlich. Nach und nach kamen die anderen Mitspieler und auch das neue Trainergespann war schon da und tuschelte. Es dauerte einige Minuten und die beiden riefen mich zu sich. Sie stotterten rum und versuchten mir beizubringen, dass sie den früheren Torwart aus der Oberligamannschaft reaktiviert hätten und er im Tor stehen würde. Rums, der saß. Meine Zähne fingen an zu kribbeln, Wut stieg in mir auf. Einer der beiden im Trainergespann war auch noch mein Freund. Jetzt ruhig und gelassen bleiben und die innere Ohnmacht nicht nach außen zeigen. Ich habe immer aus Spaß an der Freude Fußball gespielt. Samstagabend bis Sonntag früh um 7 gearbeitet, 11 Uhr raus zum Platz und Sonntagabend um 18 Uhr wieder bei der Arbeit, so sah manches Wochenende bei mir aus und zum Dank wird man von Kumpels hintergangen. Bei der Arbeit schicke ich solche Leute nach draußen zum Fegen, aber hier auf dem Platz war ich nur einer unter vielen. Mein Freund aus dem Trainergespann sagte mir noch, dass er mit 2:1 überstimmt worden ist was meine Versetzung auf die Ersatzbank betraf. Naja, ich glaube ihn mal. An diesem Tag war ich vor Wut und Enttäuschung fast soweit meine Faust gegen das Kinn des Rädelsführers knallen zu lassen. Der Anstand und mein

Stolz verboten mir das und ich packte meine Tasche, fuhr noch vor Spielbeginn nach Hause, setzte mich auf meine Harley-Davidson und genoss den schönen Sommertag beim cruisen. Ein Tag später war die Abmeldung vom Fußballverein in der Post. So hing ich nicht ganz freiwillig meine Fußballschuhe an den Nagel. Trotzdem bin ich noch heute 13 Jahre später wütend über die eine und andere Person die die mir damals so in den Hintern getreten hat. Bei seinen Feinden weiß man immer wo dran man ist, bei seinen Freunden nie.

So kam es, dass ich mich jetzt nur noch um mein Training im Studio kümmern wollte. Der Umbau in Marl war abgeschlossen und R und ich kündigten in Recklinghausen unsere Verträge. Auch meine Frau war mittlerweile in Recklinghausen angemeldet und auch sie kam wieder nach Marl zurück. Das Studio sah toll aus. Alles neu und sehr modern. Nur hatte das alles einen Fehler, die meisten meiner Bekannten aus früheren Tagen blieben fort. Die große Familie kam nie mehr zusammen. Es fehlten die wirklichen Bodybuilder. Egal, R und ich trainierten trotzdem weiter und hatten unseren Spaß. Seine Fernbeziehung war auch beendet, denn sie zog nach Marl zu ihm und meldete sich auch im Gym an. Eifersüchtig und besitzergreifend war sie anfangs und diktierte ihn immer mehr wann er zum Training zu gehen hat, so, dass wir unsere üblichen Zeiten nicht mehr halten konnten und wir oft auch allein wegen ihr trainieren mussten. Der Zahnarzt schickte den meinen Freund dann zum bekannten Kieferchrirurgen der auch bei uns trainierte. Dieser schickte meinen Freund dann nach Recklinghausen ins Krankenhaus zum Hals-Nasen-Ohrenarzt und der entdeckte im Rachen eine weiße Stelle, entnahm eine Gewebeprobe und wir erfuhren nach der Untersuchung das sich im Rachen eine Zellveränderung hervorgetan hat. Von einer Minute auf die andere hörte R mit dem Rauchen auf, was er vorher nie wirklich geschafft hatte. Wir dachten alle es ließe sich behandeln und machten weiter wie vorher auch. Er heiratete seine Holländerin und war glücklich. Auch bei R war das Training im Gym sein ein und alles. Nichts konnte ihn aufhalten. Er war der ideale Partner für mich. Gleiche Gewichtsklasse, obwohl ich nur noch 84 kg gewogen habe, wie ich, immer pünktlich und immer das weggedrückt was ich aufgelegt habe. Beschwert hat er sich auch nie, er hatte immer Spaß das Eisen in die Luft zu stemmen. Ein halbes Jahr später war die Kontrolluntersuchung fällig und die Ärztin stellte fest, dass sich der weiße Fleck etwas vergrößert hatte. Es wurde wieder eine schmerzhafte Probe gestochen und im Labor analysiert. Das Ergebnis war das Gleiche wie vor 6 Monaten, Gewebeveränderung. Er sollte nun aber nach drei Monaten wiederkommen. Ich fragte mich, vielleicht fragte er es sich auch selbst, muss ich mir Sorgen machen? Unser Training war nicht mehr auf dem Niveau von vor Jahren und auch das Muskelvolumen war nicht mehr so wie in den Jahren davor da. Wir trainierten trotzdem 4-mal die Woche und hatten Spaß. Nie verloren wir den Spaß, denn Eisen stemmen war unsere Passion. Mitten in der Nacht hätte man uns wecken können, um Eisen hoch zu drücken. Die Wehwehchen nahmen zu. 4. und 5. Lendenwirbel Bandscheibenvorfall, linke Schulter Verschleiß durch zu schwere Gewichte all die Jahre, das linke Knie beim Fußball zum Wackelknie gemacht, an beiden Ellenbogen einen Golfarm, aber keinen Gedanken habe ich ans Aufhören verschwendet.

Doch das Schicksal spielt sein eigenes Spiel und niemand kann dies ändern. Die Untersuchungen bei R nahmen zu und nach etwa 3 Jahren stachen die Ärzte wieder eine Gaumenprobe aus dem Rachen von R und erwischten die richtige Stelle. Diagnose: Mund und Rachenkrebs. Wie klein und unwichtig auf einmal alle anderen angeblichen Probleme waren. Die Ärzte handelten schnell und mein Bruder wurde in einer Klinik in Recklinghausen operiert. Der Hals wurde von einem Ohrläppchen zum anderen aufgeschnitten, er konnte keine feste Nahrung zu sich nehmen und hing am Tropf. Trotzdem wollte er, dass ich ihm meine beiden Kurzhanteln ins Krankenhaus mitbringe. Auch er war ein positiv verrückter Bodybuilder. Als er entlassen wurde begann sofort die Kur und danach stieg er wieder ins

Training ein. Es ging aber nicht mehr wie früher, er hat mehr als 10 kg an Körpergewicht verloren. Trotzdem war er hoch motiviert und schien wieder Spaß zu haben. Hinterher erfuhr ich von seiner Frau, dass er zuhause geweint hatte. Nach kurzer Zeit bei einer der Nachuntersuchungen wurde festgestellt, dass der Krebs wieder da war. Im Glauben die Ärzte hätten beim ersten Mal nicht alles weggeschnitten, legte sich mein Freund wieder unters Messer und erduldete die gleiche Prozedur wie bei der ersten Operation. Zum Training kam er danach trotzdem wieder, hatte jetzt aber nur noch 68 kg an Körpergewicht. Man er wog 90 kg bevor der Krebs ihn holte. Es muss doch möglich sein, den Krebs einfach rauszuschneiden. Vielleicht war es auch einfach, aber noch einfacher war es für den Krebs wiederzukommen. 3 Monate glaube ich nach der Entlassung klopfte der Kollege Krebs erneut bei meinem besten Freund an. In Recklinghausen gaben die Ärzte auf, was ich wiederum nicht akzeptieren konnte. Ich erkundigte mich, holte Informationen ein und wir fuhren in die Universitätsklinik nach Essen. Die Kliniken waren zusammen ein eigener Stadtteil in Essen und riesig groß. R musste zum HNO-Gebäude und wurde dort auf den Kopf gestellt. Die Unterhaltung mit dem Chefarzt ergab Ernüchterung. Er sah noch die Möglichkeit den Krebs durch eine Operation zu besiegen, aber dafür musste mein Freund seine Zunge opfern. Es gab nur diese eine Alternative, um weiter leben zu dürfen. Keiner von uns dachte mehr ans Training, keiner ans Gym. Wie nahe der Tod doch ist und er schon klopfend vor der Tür steht. Keine Zunge mehr zu haben, bedeutet aber auch nie mehr sprechen und nie mehr schlucken können. Essen nur noch über eine Magensonde in flüssiger Form und trinken genauso. R war der beste und liebste Mensch, den ich kannte. Er trat niemanden auf die Füße und verschenkte jeden der ihn danach fragte einen Gefallen. Warum nur ist Gott so ungerecht und bestraft ihn so hart im Leben. Er verlor seinen Vater durch den Krebs, er wurde nur 56 Jahre. Auch die Mutter starb an Krebs kurz bevor er seine Diagnose bekam. Er wollte immer älter werden als sein Vater, aber bitte doch älter als 2 Jahre. Es ist so furchtbar zu sehen wie der beste Freund vom Krebs gezeichnet dahinrafft und trotzdem war er für mich da. Er zerbrach sich noch den Kopf über das eine oder andere Problem, dass mich noch belastete. Er war einfach ein guter Mensch. Ich war für ihn da, immer zu jeder Zeit, ich wollte der Bruder sein. Nach der Operation konnten wir uns nicht mehr in Worten unterhalten, er musste schreiben und nicken oder den Kopf schütteln. Er fragte noch nach dem Training im Gym, wo er noch Mitglied war. Er bekam von vielen Sportkameraden besuch, es waren aber eher Abschiede. Die Spucke lief aus seinem Mund und er konnte diese nur wegwischen. 3 Rollen Zewa, die Tücher geteilt benötigte er am Tag. Er wog jetzt nur noch 58 kg. Mir stiegen die Tränen in den Augen, aber ich war machtlos ihm zu helfen. Der Krebs kam wieder oder war er gar nicht weg. Die Ärzte sagten, sie können es nicht mehr genau wegen der vielen Operationsnarben erkennen. Was nützen einem die vielen Muskeln zu Lebzeiten, wenn der kleine Krebs dich auffrisst? 30 kg hat er jetzt schon abgenommen will aber Mitglied im Studio bleiben, also ich nach meinem nächsten Training zum Clubbesitzer und erkläre ihm die Lage. Ohne zu zögern ernannte er R zum beitragsfreien Ehrenmitglied der kommen könnte wann er wolle. Er sollte nie wieder einen Fuß ins Studio setzen. In Essen sprach der Ärzterat in großer Runde über den Krebs von R und entschied sich zu einer letzten Operation. 12 bis 16 Stunden hat der Chefarzt angesetzt und so lag mein Freund zum letzten Mal auf dem Operationstisch. Zuhause nach langer Zeit angekommen, meldete der Krebs sich auch wieder. Der Chefarzt in der Uniklinik erklärte uns, dass es jetzt besser sei den Palliativdienst einzuschalten. Wir reden hier nur noch über Wochen und nicht über Monate war seine Aussage. R und seine Frau gaben sich zu Silvester im ganz keinen Rahmen noch einmal in der Klinikkapelle das Ja-Wort und dann ging es ab ins Hospiz in Recklinghausen. Seine Frau lebte dort auf einer Matratze auf dem Fußboden um die ganze

Zeit bei ihm zu sein. Manchmal löste ich sie tagsüber ab, damit sie mal ein paar Stunden für sich hatte. Es war ein Dienstag als ich bei ihm war und er mich fragte wann ich wiederkommen werde. Ich wollte Freitag wieder da sein, denn am Mittwoch kam ein Freund aus Köln und am Donnerstag sein Sohn, außerdem musste ich Donnerstag auch arbeiten. Ich fuhr nach Hause und drehte das Radio im Auto lauter, es sangen die toten Hosen alles nur aus Liebe. Am nächsten Tag hatte ich für meinen besten Freund einen Termin bei der Sozialberatung unseres Unternehmens gehabt und wollte diesen um 9 Uhr vor dem Training wahrnehmen. Gegen 7 Uhr klingelte das Telefon, ich wusste was passiert ist und nahm ab. Seine Frau rief mich als ersten an und erklärte mir, dass mein bester Freund in der Nacht gestorben sei. Auf dem Weg zum Hospiz hielt ich in der Sozialabteilung unseres Unternehmens an, die Dame empfing mich herzlich und erzählte mir, dass mein Bruder seine Frührente durchhätte. Ich ließ sie ausreden und erzählte ihr dann vom Tod meines Bruders.

Ich war leer im Kopf auf der Fahrt nach Recklinghausen. Im Hospiz angekommen, lag mein Bruder in seinem Hochzeitsanzug auf dem Bett. Keine Worte dieser Welt können in diesen Augenblick Trost spenden. Ich war der erste der von seiner Frau oder besser gesagt Witwe angerufen worden ist, trotzdem war ich nicht der erste Besucher der Abschied nehmen wollte. Der Sohn mit seiner Mutter und die Schwester mit ihrem Mann waren kurz vor mir eingetroffen. Jetzt muss man wissen, dass die jetzige Frau und die anderen Parteien sich nicht so liebhatten und der Knatsch fing schon an. Das Zimmer war völlig überfüllt und die Witwe sprach ein Machtwort aus und schickte außer mir alle raus. Die Schwester mit ihrem Mann und der Sohn mit seiner Mutter saßen später in der Küche des Hospizes und warteten auf mich. Alle wie sie dort beisammen saßen wollten mit der Frau von R nicht sprechen und von mir informiert werden. Eine beteiligte Person wollte mir den Ersatzhaustürschlüssel vom R`s Haus überreichen, da dieser nicht mehr gebraucht würde. Er wurde mir über den Tisch mit der Aussage, bei mir wäre er am besten aufgehoben überreicht. Doch schneller als eine indische Kobra ihre Beute beißt, schnellte der Arm von einer anderen Person aus, nahm den Schlüssel an sich und sagte, dass der Schlüssel bei ihnen am besten aufgehoben sei. Mir fehlten vor dieser Unverschämtheit die Worte. Statt zu trauern wurde ich noch des Testamentes wegen gefragt. Ich glaubte es einfach nicht, er war erst ein paar Stunden tot. Ich war froh, dass sie sich dann unbefriedigt und ohne eine Antwort erhalten zu haben verabschiedeten. Später berichtete ich es der Witwe und am anderen Tag montierte ich in ihrem Auftrag ein neues Türschloss in die Haustür des Reihenhauses. Trotz aller Differenzen, die die beiden Parteien auch schon zu R`s Lebzeiten hatten, ich bin mit allen immer klargekommen, war neutral zu jedem, für mich zählte sowieso nur mein Freund und Bruder. Die Beerdigung fand in Hüls in einer Kirche statt. R war gebürtiger Marler, bei allen sehr beliebt und auch sehr bekannt. Die Kirche bis zum Überlauf mit Leuten von der Arbeit, aus dem Fitnessstudio und Freunden und Bekannten gefüllt. Da er mein bester Freund und wie ein Bruder zu mir war, habe ich mich nach seinem Tod zuhause hingesetzt und einen Nachruf geschrieben. Diesen habe ich dann in der örtlichen Lokalzeitung veröffentlichen lassen. Mein Telefon stand nach der Veröffentlichung nicht mehr still. Der Prediger, der die Messe für R lesen sollte war auch dabei. Er war wie alle anderen die den Artikel gelesen hatten zu tiefst berührt und wollte, dass ich diesen Nachruf in der Kirche vortragen sollte. Ich wollte mein lebenlang auf die Bühne, doch war ich bei der Präsentation meines Körpers und meiner Muskeln gegenüber der Konkurrenz einfach zu schwach. Um mich nicht zu blamieren, habe ich es auch nie gewagt an irgendeinem Bodybuilding Wettbewerb teil zu nehmen. Und jetzt sollte ich es übers Herz bringen, mich in Trauer vor die Kanzel zu stellen und vor ungefähr 200 Mittrauernden eine Rede zu halten, ohne mich zu blamieren. Da auch die Witwe es so wollte und mich die Jungs von R`s Arbeit überredeten, sagte ich zu. Mein Bruder war ein Mensch, der wie Mutter Theresa dem Mitmenschen nur Gutes zukommen lassen wollte. Von meiner Seite hätte er vom Papst heiliggesprochen werden müssen. Natürlich kannte im Vatikan den früheren Messdiener keiner und so lag es an mir deren Rolle zu übernehmen. Der Vortrag dauerte ungefähr 15 Minuten, war original von mir erfasst und auch so vorgetragen worden.

„Er war mein Freund, er war mein Bruder und er war wie ein Vater zu mir. Normalerweise leben Engel bei Gott im Himmel. Es gibt aber auch Ausnahmen und es leben Engel mitten unter uns auf Erden. Ein Mensch den ich als Engel bezeichnen darf, war R. Vor nahezu 2000 Jahren gab es einen Menschen, der allen anderen Menschen nur Gutes wollte und so war unser R auch. Er verzichtete immer auf das eigene Bedürfnis, um für andere da zu sein. Niemals hat er jemand Hilferufenden abgewiesen. Er war für mich und sein Umfeld zu jeder Zeit da. Wir waren seit Jahrzehnten befreundet und ich kann mich an keine Zeit erinnern, dass R auch nur einmal gegenüber einer anderen Person ein böses Wort erwähnt hätte. Im Gegenteil, für alle Menschen und deren Probleme hat er nicht nur ein offenes Ohr, nein, er hat allen anderen immer wieder Mut und Trost zugesprochen. Er hat immer geholfen, egal, wer ihm um Hilfe gebeten hat. Er war ein Freund für jedermann und überall beliebt. Alle die ihn kannten, haben ihn in ihr Herz geschlossen. Jetzt lebt mein Freund unter seinesgleichen im Himmel und passt mit seinen Engelskollegen auf uns von dort oben auf. Er hinterlässt eine riesige Lücke, nicht nur in meinem, auch in dem Leben seiner Frau und in dem seines Sohnes. Aber auch allen anderen Menschen aus seinem Umfeld wird er fehlen. Er war nun mal seines Charakters wegen sehr beliebt. Seine verständnisvolle Art wird nicht ersetzt werden können, denn so wie mein bester Freund sind die meisten Menschen nicht. Er wird mir fehlen, genauso wie seiner Familie. Er ist jetzt für immer nach großem Kampf gegen die unheilbare Krankheit von uns gegangen und wird eine nicht zu füllende Lücke hinterlassen. Und trotzdem wird er für mich und seinen Angehörigen im Herzen immer weiterleben. Solange die leben, die ihn bewundert und geliebt haben, wird er in unseren Gedanken sein und erst dann wirklich sterben, wenn auch wir nicht mehr in dieser Welt leben. Alle Worte und noch so lange Texte können nicht das wiedergeben, was er für mich und die ihn kannten, bedeutet hat. Unser Leben wird weitergehen, aber ohne R wird es in vielen Situationen, ohne seinen Rat und seine Hilfe schwieriger werden. Ich danke dir, meinen allerbesten Freund, geliebten Bruder dafür, dass ich deine Freundschaft all die langen Jahre genießen durfte."

Ich hoffe und glaube, er wäre stolz gewesen meine Worte über ihn selbst zu hören. Wenn es einen Himmel gibt, dann schaute er mit Sicherheit von dort auf uns hinab und nahm meine Worte wohlwollend auf, denn alle anderen in der Kirche taten dies. Alle wussten und kannten unsere Beziehung und fast jeder sprach mir sein Beileid aus. Dabei erwähnte jeder lobend und anerkennend die Rede von mir. Ich hatte mir also unnötig Sorgen über eine eventuelle Blamage gemacht. Noch nie waren in Marl so viele Bodybuilder auf einem Haufen wie auf der Beerdigung vom allzeit beliebten Bodybuilder R. Er war bis zum Schluss einer von ihnen und wird jetzt in Walhalla auf uns warten.

Leider gab es zur gleichen Zeit einen weiteren Todesfall. Es tut mir bis heute leid, dass ich mich nicht mehr vom Georg verabschieden konnte. Georg, der mich 20 Jahre zuvor zu meinem Rekord im Bankdrücken motiviert hat, ist zur selben Zeit wie mein Bruder von uns gegangen. Ich hatte damals zu viel mit der ganzen Krankheit und dem verlorenen Wettlauf gegen den Tod von R zu tun. Dazu gab es Probleme bei der Arbeit. Ich hatte einfach nicht den Kopf und den Mut dazu mich ordnungsgemäß von einem sehr tollen Menschen, wie der Georg einer war zu verabschieden. Auch er wird als Kraftsportler zusammen mit meinem Bruder in Walhalla sein, dort die Eisen stemmen und wir uns irgendwann wiedersehen.

Als ich im September 1994 von Gelsenkirchen nach Marl gezogen bin, trainierte ich schon fast 6 Jahre im Vorzeigestudio in Marl. Zum gleichen Zeitpunkt, und zwar auf den Tag genau, zog einer meiner Arbeitskollegen von Recklinghausen nach Marl. Wir wohnten nun also beide in Drewer. Jeden Morgen stand der Uwe vor meiner Haustür und wartete auf mich. Zusammen sind wir dann mit unseren Fahrrädern zur Arbeit gefahren. Uwe hatte im Gegensatz zu mir, keine Bekannten mit Ausnahme seiner Mutter und Schwester in Marl wohnen. Er fragte mich nach kurzer Zeit wo und wie er hier einen neuen Bekanntenkreis aufbauen könnte und ich antwortete natürlich im Fitnessstudio. Er schaute mich mit großen Augen an, denn er war noch nie in irgendeinem Gym gewesen. Ich bot ihn an mit mir dort trainieren zu gehen. Er war skeptisch. Ich sagte ihm, ich würde ihm jede Übung zeigen und er bräuchte keine Angst zu haben. Außerdem berichtete ich ihm, dass ich mich nach einer langen Tagschicht abends nach dem Training immer gut fühlen würde. Jetzt verstand er mich gar nicht mehr. Wir müssen 12 Stunden für unseren Arbeitgeber alles geben, kommen dann um 19 Uhr nach Hause, sollen dann noch körperlich hart trainieren und uns dann gut fühlen? Er glaubte es nicht, meldete sich aber doch bei uns im Gym an und trainierte eine Zeitlang mit mir. Im Gegensatz zu mir, ich kannte damals niemanden im Studio, hatte Uwe den Vorteil mit mir dort zu trainieren und so stellte ich ihn eine Menge Leute vor. Es dauerte auch nicht allzu lang und er hatte einen eigenen Trainingspartner zu den er dann auch noch eine Freundschaft schloss. Uwe und ich waren uns von Anfang an sympathisch und wurden beste Freunde. Mit ihm eroberte ich damals das Prater in Bochum und später schloss sich uns das halbe Gym Freitagabend dorthin an. Uwe trainierte einigermaßen und baute auch Muskeln auf. Er war nie ein Bodybuilder, aber er konnte sich trotzdem sehen lassen. Nach drei Bieren tanzte er immer auf der Box vor der wir unseren Stammplatz hatten. Damals ist es gerade in Mode gekommen sich tätowieren zu lassen und Uwe präsentierte an einem Freitag stolz mit nacktem Oberkörper auf der Box der Pratergemeinde sein chinesisches Schriftzeichen an der hinteren Schulter. Damit war er weit vorne und viele machten es ihm in Sachen Tätowierung später nach. Er war so stolz darauf, vor allem, weil er es sich hart verdient hatte, denn beim Stechen ist er in Ohnmacht gefallen, aber das wussten die Anderen ja nicht. Im Sommer 1995 flogen wir beide auf die Partyinsel Ibiza und hatten tierischen Spaß zusammen. Wir mussten viele neidische Blicke an den Stränden um Sankt Augustin über uns ertragen, waren aber auch gleichzeitig stolz über unseren erreichten Trainingsfortschritt. Die hat erkämpften Mühen haben sich also gelohnt. Unsere Freundschaft war damals auf dem

Höhepunkt. Wir genossen die Zeit, feierten und tanzten mit nackten Oberkörpern auf den Tischen, um uns beneiden zu lassen. Zu dieser Zeit hatte ich plötzlich Post im Briefkasten. Ein Chemiekonzern aus Köln suchte Leute für die Schichtführerperson und kam wohl über die Industrie und Handelskammer auf mich. Sie boten mir einen Job bei sich an. Da ich aber gerade ein Haus gebaut und auch das Unternehmen in Marl nicht verlassen wollte, gab ich dem Uwe den Brief. Ich erklärte ihm die Situation und wir sprachen ab, dass er sich statt meiner dort mit meiner Einladung vorstellen sollte. Uwe hat sich dann 1997 von meinem Arbeitgeber eine Abfindung auszahlen lassen und hat sich dem amerikanischen Unternehmen in Köln angeschlossen. Ist dort die Karriereleiter schnell nach oben geklettert und 15 Jahre später mit einer eingeklagten Abfindung wieder gegangen. Er lebt und arbeitet heute in Ingelheim bei Mainz und wir haben noch 2- bis 3-mal im Jahr telefonischen Kontakt.

Als Bodybuilder findet man auf der ganzen Welt schnell Kontakt zu Gleichgesinnten. Man sah sich, erkannte in dem Gegenüber auch einen hart an sich arbeitenden Sportler und nickte den anderen respektvoll zu. Irgendwie haben wir eine exhibitionistische Ader. Wir wollen am Strand von den Normalos gesehen und beneidet werden. Warum stellt der Bodybuilder sich zum Wettkampf auf die Bühne und wird von dem Publikum im

Auditorium angefeuert die Muskeln spielen zu lassen. Doppelbizepspose von vorne und die Zuschauer toben. Wenn ein Bodybuilder nach seiner strengen Diät seinen Körperfettanteil auf knapp 3% reduziert hat und jeder sein Sixpack sieht, ist der Neid da. Auch ich, der nie selbst auf der Bühne war, beneidete meinen Kumpel Maik wegen seines muskulösen Bauches immer sehr. Ich selbst hatte einfach nicht die Motivation und die Disziplin mich solange einer Diät auszusetzen. Zu gerne habe ich gegessen. 2 Wochen an einem Stück habe ich mal durchgehalten, dann kam mir der trockene Thunfisch und die trockene Hähnchenbrust aus den Ohren heraus. Der Erfolg bleibt dann natürlich auch aus. Hart trainieren ist die eine Sache. Gewicht aufzubauen die Andere. Diese beiden Dinge waren in jungen Jahren für mich kein Problem. Aber die Diät 6 bis 10 Wochen, je nach Veranlagung, schaffte ich nicht und so durfte ich immer nur die anderen disziplinierten Bodybuilder beneiden. Wenn man bedenkt, dass der Dennis Offseason etwa 140 kg auf die Waage brachte und dann denn Mr. Olympia Wettkampf mit 123 kg startet, weiß wie fleißig, diszipliniert und auf wie viel er verzichtet hat. Kein Mensch, der sich diesem Sport nicht auf die Fahnen geschrieben hat, kann sich vorstellen welche Mühen diese strenge Diät auf sich hat. Viele Leute sprechen sogar aus Neid abfällig über diesen Sport. Sprüche wie nur Trottel würden sich ins Gym begeben und Gewichte stemmen waren nicht die Seltenheit. Nur das die angeblichen Trottel, die ich aus dem Studio kenne bei der Polizei, als Rechtsanwälte, als Mediziner, Direktoren oder reiche Selbständige ihre Familien ernähren. Im Gegensatz zum in Deutschland so hoch gelobten und anerkannten Fußball, kann sich ein Bodybuilder gar nicht erlauben nach jedem Training einige Flaschen Bier in sich laufen zu lassen. Bei den Seniorenmannschaften der unteren Ligen und bei dem Altherrenfußball gehört das Bier zum Sport wie der Ball und die Trikots. Wo sind also die Trottel? Der Bodybuilder zum Beispiel ist ein Spezialist, wenn es um die Nahrung geht. Viele Frauen meiner nichttrainierenden Kollegen, fragten mich, wie und was sie kochen sollten, um das Figurproblem ihrer Partner in den Griff zu bekommen. In der Werbung oder in den Hollywood Blockbustern sind immer nur durchtrainierte muskulöse Menschen zu sehen und nicht nur der Sportler, auch der Normalo ergötzt sich im Film an deren schöne Figur. Wie erfolgreich wären zum Beispiel die Rockyfilme wenn der Stallone und seine Gegner dickbäuchige unmuskulöse Kämpfer gewesen wären? Carl Weather, Mr.T oder Dolph Lundgren, der übrigens 5 Sprachen spricht und studierter Chemiker ist, kein Trottel also, erfreuten uns als Gegner von Rocky Balboa auch wegen ihrer durchtrainierten Körper. Um solche Bodies zu bekommen, darf man jahrelang hart trainieren und muss genau auf seine Nahrungsaufnahme achten. Guck dir den mal an, sind oft die Sprüche der neidvoll anderen Männer. Mir passierte ähnliches einmal an einem sehr warmen Sommertag auf dem Fußballplatz in Herten. Wir waren mit der 2. Mannschaft der Spvg. Marl dort als Gast. Das Spiel war nicht spannend und wir hatten alles im Griff. Die paar Zuschauer, meist Hertener waren ein wenig frustriert und gereizt. In der Halbzeitpause verdrückten wir uns eigentlich untypisch in die Kabine. Da es brütend warm war, zog ich mein Trikotoberteil in dem Umkleideraum aus. Wir motivierten uns für die 2. Hälfte neu und gingen gemeinsam auf das Spielfeld zurück. Ich war an diesen Tag der letzte Spieler unserer Mannschaft, der die Kabine verließ. Das Trikot noch in der Hand lief ich im langsamen Trab auf die rote Asche zurück. Ich musste nahe an den gastgebenden Zuschauern vorbei und hörte den Spruch, guck mal der da. Guck mal die Arme. Plötzlich sangen die paar neidisch verärgerten Zuschauer zusammen ist alles nur Anabolika. Was wissen diese neidvollen untrainierten Zuschauer von dem jahrelangen harten Training, von den vielen Verzicht die ein Bodybuilder auf sich nimmt, um sein Muskelvolumen zu erhöhen. Vielleicht ist es aber auch einfach nur der Neid auf uns, denn bei den Frauen kommen durchtrainierte Männer besser an als ein dickbäuchiger Kollege. Nicht umsonst kommen die durchtrainierten Jungs zur Lady Night und werden beim Strippen von den Frauen jubelnd idolisiert. Der Neid spielt aber auch unter uns hart Trainierenden mit. Wehe jemand hat Muskelmasse aufgebaut, schon war man eifersüchtig, weil es einem selbst nicht so schnell und gut gelang. Dabei kann man vielleicht gar nichts dafür nicht so viel Volumen in die Muskeln zu bekommen. Es gibt da von Geburt 3 verschiedene Stoffwechseltypen. Der Erste wäre der ektomorphe Somatotyp. Er ist charakterisiert durch folgende Merkmale. Lange Arme und Beine. Schmale Hände und Füße. Flache Brust und schmale Schultern und das von Geburt an. Der zweite Typ ist der endomorphe Körper. Er neigt eher zu folgenden Merkmalen. Kurze Beine und Arme, rundes Gesicht, Bauch und Hüftansatz, oft dünnes Haar und den Hang zur Fettleibigkeit. Der dritte Typ hat vom lieben Gott bessere Gene für den Aufbau von Muskeln mitbekommen. Der mesomorphe Typ. Er kann mit einem athletischen Körper punkten. Kräftige Arme und Beine, Rücken in V-Form, breite Schultern und einen mächtigen Brustkorb. Ideale Grundvoraussetzungen für einen Bodybuilder. Der Dennis ist und war so ein mesomopher Typ. Es gibt Wissenschaftler, die diese These nicht bejahen, ich aber habe aus mehr als 30 Jahren meine eigenen Erfahrungen gesammelt und stimme den 3 Stoffwechseltypen zu. Dagegen kämpfe ich seit über 30 Jahren gegen meine ektomorphe Figur an und verliere jedes Duell mit dem bevorzugten mesomorphen Bodybuilder. Trotzdem gab es mal eine Zeit, da haben mich auch die wirklich guten Bodybuilder um meinen Bizeps beneidet. Ich bekam oft anerkennende Worte von den einen oder anderen Sportkameraden. Ich habe das Glück gehabt und wenigstens einen guten Oberarm von dem Herrn im Himmel mitbekommen. Mein Bizeps ist lang und ist schnell gegenüber meinen anderen Muskeln gewachsen. Der Bizeps ist nach Aussage meines Studiobesitzers mein Joker. Es tat manchmal nach einer langen Schicht bei der Arbeit richtig gut, wenn er durch das volle Studio rief, da kommt ja Bizeps und alle drehten sich um und schauten mir auf die Arme. Noch heute mit 83 kg ist der Bizeps mein Favorit. Dafür sind meine Beine zwar stark aber der Oberschenkel viel zu dünn. So hadere ich mit dem Schicksal und finde mich damit ab, nie ein Schwergewicht geworden zu sein.

Die Zeit der Hoffnung war trotzdem vor langer Zeit vorhanden. Jedes Mal, wenn ich in den 90igern einen Wettkampf besuchte, fuhr ich danach voller Motivation und im Glauben auch in naher Zukunft auf der Bühne zu stehen nach Hause. Das Training wurde dann für einige Wochen etwas härter. Doch der Erfolg stellte sich bei mir nie zufriedenstellend ein. Meine Trainingseinheiten waren zu diesem Zeitpunkt so hoch wie nie zuvor. Ich fing Anfang der Woche mit schweren Flachbankdrücken an, wobei das Bankdrücken manchmal schon 1 Stunde in Anspruch nahm. Danach ging es noch für 4 schwere Sätze mit der Langhantel auf die Schrägbank. Als dritte Brustübung habe ich dann auf der Schrägbank mit den Kurzhanteln gearbeitet. Zum Schluss des Brusttrainings bearbeitete ich den Butterfly. Der große Muskel war damit fertig, jetzt kamen die kleineren, der Bizeps und Trizeps wurden von mir nach dem Brusttraining in Angriff genommen. Erst einen leichten und dann 4 schwere Sätze mit der Langhantel. Die zweite Übung waren Konzentrationsquirls mit den Kurzhanteln und als letzte Bizepsübung habe ich aus der Bibel, also dem Buch von Arnold Schwarzenegger die 21er gemacht. Die ist eine Einheit wobei der untere, der obere und der ganze Muskel mit 3 x 7 Wiederholungen am Stück trainiert werden. Der Trizeps wurde von mir auch mit drei Übungen belastet. Enges Bankdrücken mit 80 kg 4 Sätze lang, dann mit der ß-Stange 4 Sätze Stirndrücken und zum Schluss am Seilzug noch mal 4 Sätze. Den Trainingstag beendete ich dann mit meinem Bauchtraining. Als ich nach dem Studiobesuch zu Hause angekommen bin, musste noch eine große Mahlzeit her bevor ich mich schlafen legte. So gestaltete ich meistens meinen Montag. Der Dienstag gehörte meinem Rücken und meinen Schultern. Für den Rücken gab es genügend Latzugübungen im weiten, im engen Griff, zur Brust und in den Nacken gezogen, alles war erlaubt Hauptsache das Gewicht war schwer. Egal bei welcher Übung und auch egal bei welchem Muskel, schaffte ich locker 10 Wiederholungen wurde das Gewicht gesteigert. Die beste Übung für den Rücken ist allerdings an der Klimmzugstange. Ich zog mich bei den Einheiten im weiten Griff in den Nacken hoch, nach 4 Sätzen, zog ich mich mit weitem Griff für 4 Sätze zur Brust hoch. Danach bemühte ich mich für weitere 4 Sätze im engen Griff bis zum Kinn an der Stange. Auf alle Fälle musste ich bei den Klimmzügen mein selbstgestecktes Ziel von insgesamt 120 Wiederholungen erreichen, sonst musste noch der eine oder andere Satz drangehängt werden. An der Multipresse mit der Langhantel und 80 kg Gewicht strapazierte ich 4 Sätze lang meine Schultern bevor ich mit den 35 kg Kurzhanteln weitere 4 Sätze hinzufügte. 4 Sätze Front und Seitheben mit der 15 kg Kurzhantel folgten. Butterflyrevers beendeten meinen Trainingstag. In der Wochenmitte waren die Beine soweit aufgepumpt zu werden. Kniebeugen bis zur Erschöpfung, 2 Sätze warm machen mit leichtem Gewicht und dann von 100 kg bis 180 kg in 20 kg Schritten aufwärts kämpfen. Hier waren 10 Wiederholungen Pflicht. Danach noch 4 Sätze in der Beinpresse, am Beinstrecker und am Beinbeuger. Zum Schluss die Waden belasten und der Bauch wurde auch nicht vergessen. In drei Tagen wurde so jeder Muskel trainiert. Am Donnerstag und Freitag waren das Montag und Dienstagtraining wieder an die Reihe, nur, dass ich am Wochenabschluss immer leichter mit mindestens 15 Wiederholungen trainierte. Das Wochenende war normalerweise trainingsfrei, es sei denn ich musste eine ausgefallene Einheit in der Woche nachholen. Da ich auch noch Fußball spielte, gehörte der Samstag den Geißböcken und am Sonntag bin ich dann selbst aktiv gewesen. Das Training ist zur vollkommenden Sucht geworden. Noch nicht einmal Krankheiten wie eine Erkältung ließen mich eine Trainingspause einlegen. Mein Körper erholte sich in den Urlauben, die ich mehrmals im Jahr genießen konnte. Doch auch an den schönsten Ständen, weißer Sand, Palmen bis an das türkisfarbene Meer vermisste ich nach einigen Tagen mein Training. Jeder trainingslose Tag war ein Rückschritt im Kampf die Muskeln weiter aufzubauen. Mein Kopf lebte nur für den Sport. Essen, trinken und atmen muss jeder Mensch. Natürlich ich auch, aber bei mir kam das Training dazu, ich musste trainieren. Die Psyche gab nichts Anderes her. Aufgepumpt im Muskelshirt beim Training vor dem Spiegel stehend, begutachteten wir unseren Trainingsfortschritt und wurden von vielen Trainierenden bestaunt. Doch egal wie viel Lob und Schulterklopfer ich von den Anderen bekam, glücklich und zufrieden war ich mit meiner Figur nie. Mit Fotos aus dieser Zeit in der Hand, kann ich heute nur noch davon träumen noch einmal dieses Muskelvolumen zu erreichen. Trotzdem werde ich dem Bodybuildingsport auf ewig treu bleiben und bis zu meinem Tod versuchen den Sport weiter zu betreiben. Ich weiß aber auch heute, dass ich den Gipfel, den Höhepunkt an erbrachter Leistung schon lange hinter mir gelassen habe und jetzt nur noch Trainingseinheiten absolvieren kann, die früher zu meinem Aufwärmprogramm gehörten. Von den jungen Kraftsportlern fühle ich mich manchmal bemitleidet, aber was wissen die von mir und von meiner Leistung vor 2 Jahrzehnten. Für mich ist es noch immer sehr schwer zu verinnerlichen, dass in meinem Alter der Körper nicht mehr so funktioniert wie früher in jungen Jahren. Den Höhepunkt in meinem Sportlerleben hatte ich mit 30 Jahren, danach ging es nur noch bergab. Am Anfang langsam und später immer schneller. Unaufhaltsam baut der Körper immer mehr ab. Ich hörte in der guten Zeit einfach nicht auf die Anzeichen, die mein Körper mir sendete. Ein kleiner Stich im unteren Rücken, ein leichtes Ziehen in der Schulter, der Ellenbogen der sich hin und wieder meldete oder die Zwicker in den Knien, ich erkannte die Vorzeichen nicht und bezahle nun die Rechnung. Im Leben geht es nun mal nicht nur aufwärts. Hat man den persönlichen Gipfel erreicht, geht es nur noch bergab und dieser Weg ist unaufhaltsam. Mit meinem heutigen Trainingsprogramm versuche ich nur noch den abwärtsführenden

Weg so langsam zu gehen wie möglich. Trotz alledem habe ich noch heute für mein Alter eine gute sportlich durchtrainierte Figur.

Nicht nur das heutige Aussehen hat mir der Bodybuildingsport gegeben. Mein ganzer Bekanntenkreis, meine Freunde und sogar meine geliebte Frau habe ich durch den Sport kennengelernt. Ich ließ O nach dem Fußballtraining ja immer Grüße für meine heutige Frau bestellen und so wurde sie ja auf mich erst aufmerksam. Irgendwann einmal fragte sie ihm, wer ich denn überhaupt sei. Nie im Leben hätte ich gedacht, dass ich ihre Aufmerksamkeit auf mich lenken könnte. Wir liefen uns aber immer öfter über den Weg. Abends im Studio zufällig, in den Clubs des Ruhrgebietes an den Wochenenden. Ein Lächeln mit einem Hallo und das war es. Ich fühlte mich ihr Gegenüber unsichtbar. In den 90igern war das Bodybuilding und der Fitnesssport auf dem Höhepunkt und es gab viele tolle Männer und Frauen, die diesen Sport betrieben. Viele dieser breitschultrigen, sonnengebräunten Typen machten ihr den Hof und ich glaubte nicht wirklich eine Chance bei ihr zu haben. Trotzdem wollte ich sie und machte ihr deshalb immer lächelnd schöne Augen. Doch es sollte irgendwie nicht wirken. Es klappte nicht. Ich präsentierte beim Training meine aufgepumpten Muskeln im schwarzen World Gym Muskelshirt und sie sah noch nicht einmal hin. Ich kam mir vor, wie der Gorilla, den ich auf der Brust vom World Gym Shirt trug. Oder sollte ich besser Affe sagen? Ich beneidete jeden mit dem sie sich unterhielt und hoffte auf ein Lächeln aus der Entfernung von ihr. Doch meine Hartnäckigkeit sollte sich auszahlen, denn irgendwann, es war der Moment an dem R Gott sei Dank etwas zum Schreiben dabeihatte, bekam ich, ohne eigentlich gefragt zu haben ihre Telefonnummer. Ein Handy hatten wir damals noch nicht. Ich brauchte einige Tage, um meinen ganzen Mut beisammen zu bekommen und ihre Nummer einzugeben. Es war ein Donnerstagabend und nach kurzem Läuten nahm sie den Hörer ab. Das Gespräch dauerte aber nicht lange, denn sie war verabredet. Das Tarm Center in Bochum war ihr Ziel und ich musste jetzt mutlos den Hörer auflegen. Vielleicht sollte es so sein und ich nicht ihr Herz erobern dürfen. Alles hat ja seinen Grund. Außerdem wurde mir von meinem Bruder Immer gesagt, andere Mütter hätten auch schöne Töchter. Es gab auch einige dieser Töchter, die sich wohl für mich interessierten, doch ich wollte meine Favoritin. Es vergingen einige Wochen und ich hatte die Hoffnung verloren noch einmal bei ihr im Rampenlicht stehen zu dürfen. Doch genau in dieser Phase meiner eigentlichen Resignation sprach sie mich beim Training wegen einer Verabredung an, das war vor dem vorher schon erwähnten Karnevalswochenende und seitdem leben, lieben und streiten wir uns bis zu dem heutigen Tage. Das Leben meinte es bis dahin gut mit mir. Ich war finanziell durch einen gutbezahlten Job in der Chemiebranche ziemlich abgesichert. Hatte meine Leidenschaft, das Bodybuilding und nun sollte ich noch meine Traumfrau für mich gewonnen haben. Doch Freunde hatte ich auch und einer von denen, der sich übrigens nie vorstellte kam jetzt immer öfter zu Besuch. Der Messerstich saß wieder perfekt und ich durfte die Orthopädin in Marl aufsuchen. Dies geschah jetzt jährlich. Einmal sagte ich zu meiner Ärztin, ich möchte mal ein Jahr nicht zu ihnen in die Praxis kommen wollen. Ihre Antwort blieb nicht aus, denn sie meinte mit meinen Schädigungen und chronischen Verletzungen werden ich mein lebenlang einen Orthopäden aufsuchen. Ich wurde jetzt durch meine nicht mehr intakten Lendenwirbel mit dem Training zurückgeworfen. Die Gewichte wurden weniger, die Übungen andere. Mein Trainingspartner, R passte sich an und ich fand mich damit ab, meine Karriere als Bodybuilder war zu Ende bevor ich jemals auch nur einmal meinen Body soweit hatte, um ihn im Wettkampf auf der Bühne dem Publikum zu dem Queen Hit Who wants to live forever präsentieren zu können. Jetzt trainierte ich nur noch mit dem Ziel die Muskelmasse erhalten zu können. Das Training schraubte ich auf 4-mal die Woche zurück. Mein Körper brauchte jetzt auch längere Erholungsphasen und die leichteren Gewichte wurden nach einigen Monaten auch schwerer. Bodybuilding war ein gemeiner undankbarer Sport. Jahre benötigt man bei hartem Training, um den Körper mit Muskelvolumen zu formen und nur Monate beträgt das Reduzieren der Muskelmasse bei ausbleibender Beanspruchung. Ich selbst darf dies bis heute am eigenen Körper erleben, aber mitanzusehen wie der Krebs einen Vollblutbodybuilder von 95 kg auffrisst ist der reinste Horror. Wirklich nur noch Haut und Knochen war mein Freund an seinem Todestag und dies bestätigt mich in meiner Aussage, der Bodybuildingsport ist nur eine Momentaufnahme. Sobald du nicht mehr hart trainieren kannst baut der Körper ab und die Muskeln bilden sich zurück.

Eine Harley-Davidson zu besitzen war immer ein Traum von mir und diesen Traum wollte ich mir erfüllen. Monatelang durchstöberte ich das Internet, um das Bike meiner Wünsche zu finden. Ein Inserat schaffte es dann im Frühjahr 2006 meine Aufmerksamkeit zu gewinnen. Ein paar Tage und einen Anruf weiter und R und ich waren auf dem Weg nach Mönchengladbach. Eine umgebaute Low Rider wartete auf unsere Besichtigung. Wir also in die Villengegend zu einem wohlhabenden Druckereibesitzer dessen Villa mit Außenpool uns zum Erstaunen brachte. Der Typ jünger als wir war ziemlich cool und locker drauf. Wir also bei Sonnenschein in seine unendlich groß wirkende Garage und da stand das Baby. Silberglänzend mit jeder Menge Chrom begrüßte mich das Bike. Tiefergelegt, Screaming Eagle Auspuffanlage, Fatboy Hinterrad und vieles mehr erleuchteten meine Augen. Doch erst als das Bike angeworfen wurde und es zu mir sprach, eroberte es mein Herz. Mein Bruder kam aus dem Grinsen gar nicht mehr heraus und die 1450 Kubikzentimeter dröhnten in der Vorzeigesiedlung. Im Standgas blubberte der Motor und wir konnten jeden Kolbenhub hören. Die Vibration übertrug sich über die gepflasterte Einfahrt und schaffte es meine Härchen auf den Armen und im Nacken zum Tanzen zu bringen. Dann drehte ich langsam an den Gashebel und der Harley schien es zu gefallen. Sie rief laut in ihrem Ton danke und liebkoste meine Ohren in ihrem typischen Sound. Ich war verliebt. Es war Liebe auf den ersten Sound. Für mich stand fest dieses Gefährt zu erwerben. Die Verhandlung dauerte nicht lang und 2 Tage später fuhr ich mit meiner Frau wieder in die Villengegend von Mönchengladbach und holte mein neues Spielzeug ab. Im Fußball ist für uns FC-Anhänger Mönchengladbach ja tabu, aber hier habe ich einmal etwas Gutes und Schönes außer 3 Punkte mitgenommen. Ich fühlte mich jahrelang wie Peter Fonda im Film Easy Rider. Das Krad und ich fielen auf und hatten Spaß zusammen. Doch nach einiger Zeit wurden die Touren immer weniger und kürzer. Meine Lenden meldeten sich nach ungefähr 30 Minuten Fahrt und riefen aufhören. Ich wollte und konnte es nicht glauben und fuhr trotzdem weiter. Wir trafen uns mit einigen Leuten aus dem Studio und cruisten die eine oder andere Tour durch die Gegend. Irgendwann schrien nicht nur meine Lendenwirbel, es meldeten sich nun auch meine Ellenbogen, die nicht mehr mitfahren wollten. Nach jeder Fahrt stieg ich mit Schmerzen von meiner Low Rider und war froh mich ausruhen zu können. Das Bodybuilding hat mir viel gegeben, aber auch später einiges genommen. Dadurch das ich meinen Körper so überanstrengt, vielleicht auch überfordert und immer zu Höchstleitungen geprügelt habe, konnte ich nun nicht mehr mit meinem Bike durch das Münsterland fahren. Es war der erste Zahltag und ich verkaufte die Harley mit Tränen in den Augen im Sommer 2014 wieder.

Seit 26 Jahren fahre ich mit dem Fahrrad zur Arbeit. Egal wie das Wetter war, ob die Sonne schien und das Thermometer 30°C erreichte oder bei Schnee und Minusgraden. Der Regen konnte mir mit Sturmböen ins Gesicht peitschen, ich trotzte dem und fuhr auf dem Rad zur Arbeit. Der Arbeitsweg betrug auch nur 5 km, also 15 Minuten in den Pedalen treten. Doch seit einiger Zeit bekomme ich in den Lenden Rückenschmerzen, so schaffe ich nur noch 10 Minuten auf dem Rad schmerzfrei, danach bin ich froh endlich wieder vom Rad steigen zu können. Jedes Mal wenn ich stocksteif mit schmerzverzerrtem Gesicht das Fahrrad in den Fahrradständer schiebe, bereue ich die Zeit des Trainings mit den Gewichten die ich über meiner Belastungsgrenze bewegt habe. Im Nachhinein zu sagen, hätte ich mal weniger genommen hilft mir auch nicht weiter. Ich hätte damals einen Trainer oder Trainingspartner gebraucht der mich richtig eingeführt und vor allem vor den Spätfolgen aufgeklärt hätte. In den Achtzigern und Neunzigern hieß es immer nur drück so viel wie geht und noch mehr. Der Muskel wächst nur, wenn er jedes Mal bis zur Höchstlast belastet und trainiert wird. In der Ruhephase werde der Muskel dann dauerhaft an Volumen zunehmen. So wurde trainiert. Der Dokumentarfilm Pumping Iron mit den Bodybuildinggrößen der Siebziger galt als Vorbild. Wir betrachteten uns während des Trainings aufgepumpt vor den Spiegeln und waren nicht nur stolz, sondern auch glücklich mit dem was wir erreichten. Ich fühlte mich gut, war aber nie zufrieden und wollte immer mehr. Die Rechnung bezahle ich jetzt 20 Jahre später. Heute weiß ich, weniger Gewicht, dafür ein paar Wiederholungen mehr hätten meinen Körper besser getan und die Muskeln auch wachsen lassen. Das beste Beispiel ist der aller Größte und zu seiner Zeit stärkste Bodybuilder der Welt. Ronnie Coleman, acht Mal Mr. Olympia Gewinner, Arnold Schwarzenegger schaffte dies sieben Mal, trainierte nur mit sehr schwerem Gewicht, kein anderer Bodybuilder erreichte auch nur annähernd die Masse an hohen Gewichten zu stemmen wie Ronnie Coleman. Nicht das ich mich mit Ronnie Coleman vergleichen kann, dafür fehlen mir 50 kg an Muskeln, nur trainierte ich in meinem Vergleich wie er einfach mit zu hohen Gewichten. Ich weiß nicht genau wie viele Operationen Ronnie Coleman über sich ergehen lassen, noch weiß ich auch nicht wie viele Schrauben er in seinen Rückenwirbeln sich einsetzen lassen musste, nur eines weiß ich sicher, er hat zu viel Gewicht beim Training bewegt und ist jetzt schwerbehindert. Doch Ronnie Coleman ist auch ein süchtiger Kraftsportler und er trainiert trotzdem weiter und bereut nichts. Und diese Sucht hat auch bei mir noch heute bestand. Ich trainiere zwar nur noch drei Mal die Woche, doch diese drei Trainingseinheiten benötige ich und könnte mein Training von der Psyche her nicht aufgeben.

Nach meinem besten Freund, Bruders und Trainingspartners Tod, trainierte ich eine ganze Zeit alleine. Ich war viele Wochen in Trauer um meinen Freund. Ging unmotiviert und lustlos zum Training. Baute von der erbrachten Leistung ab. Andere hätten vielleicht eine längere Pause eingeschlagen oder hätten ganz aufgehört. Ich aber ging immer zum Training, auch wenn mir die Lust dafür fehlte. Das war so und ist heute auch noch so. Im Studio meldete sich kurz vor R`s Tod ein Kraft-sportler aus Bochum an. Er zog der Liebe wegen von Bochum nach Marl. Er stellte sich uns vor und fragte mich dann später, ob wir nicht zusammen trainieren könnten. Bernd hatte die dicksten Oberarme, die ich je in unserem Studio gesehen habe. Auf der Fibo in Essen kam mir der strongest man Manfred Höberl mal entge-gen, dessen Arme waren noch voluminöser, aber den Bernd seine Keulen waren schon beachtenswert. Also bekam ich einen neuen Trainingspartner. Da wir aber unterschiedliche Arbeitszeiten hatten, konnten wir oft nicht zusammen trainieren. Doch mit Bernd zu trainie-ren erhöhte dann meine Motivation wieder etwas und wir hatten gemeinsam eine Menge Spaß. Aber auch Bernd zahlt die Rechnung für sein Training. Er trainiert seit den Achtzigern und hat jetzt Arthrose an den Hän-den. Zurzeit setzt er mit dem Training aus und wartet auf seinen ersten Operationstermin. Für Bernd tut es mir leid, denn er ist ein toller Bekannter und Trainings-partner. Vom Charakter her ist er wie mein Bruder R gewesen ist, ein einwandfreier Kerl dessen Ruhe und Gelassenheit ich gerne auch hätte.

Das Leben geht seinen Weg und das Schicksal nimmt auf diesen Weg seinen Lauf. Mit den bisher beschrie-benen durch das Training verschlissenen Wirbel und Gelenken bin ich noch gut bedient gewesen, denn es kam noch dicker. Zuerst stellte sich noch heraus das mein 6. Halswirbel auch in Mitleidenschaft gezogen worden war. Ich hatte Schmerzen im Nacken und konnte den Kopf eine Zeitlang nicht mehr richtig bewegen. Beim Autofahren war dies sehr behindernd und ich musst jede Kreuzung übervorsichtig überfahren, weil ich mich kaum mit meinem Kopf nach rechts und links bewegen konnte. Jede Menge Massagen und langsames dehnen haben die Vorwölbung nicht weggemacht, doch die Schmerzen sind so unter Kontrolle zu halten. Ich komme mir manchmal vor wie ein neunzig jähriger alter gebrochener Mann und so steige ich auch manchmal morgens aus dem Bett. Alles tut einem weh und ich benötige 10 Minuten Einlaufzeit, um mich schmerzfrei zu bewegen. Wäre es doch nur dabeigeblieben, doch das Schicksal oder vielleicht doch der liebe Gott hatten es nicht so gut mit mir gemeint.

Es war der 12. Juni 2014 als ich an diesem Abend erschöpft und gestresst von der Arbeit zuhause vor dem Fernseher auf der Couch im Wohnzimmer lag. An jenem Abend spielte bei der Fußballweltmeisterschaft im Eröffnungsspiel das Gastgeberland Brasilien gegen Kroatien und ich freute mich auf dieses Spiel. Ich wollte mir unbedingt alle Spiele der Selecao anschauen, denn ich war überzeugt davon, dass die Elf in Gelb unser größter Herausforderer auf dem Weg zum Titel sein würde. Die Brasilianer gewannen in einem sehr guten Spiel mit 3 zu 1 und lösten so eine überdimensionale Euphorie im eigenen Land aus. Wir hingegen hatten mit Deutschland bei den letzten großen Turnieren immer zu den Favoriten gezählt, gut gespielt und doch vor dem großen Ziel jedes Mal verloren. Ich war damals überzeugt, die Weltmeisterschaft in Brasilien wäre für unsere Elf stellvertretend für die ganze deutsche Nation die letzte Chance für lange Zeit den Titel zu gewinnen. Doch dachte ich mir, wer soll diese technisch so gut aufspielenden Brasilianer mit ihren Superstar Neymar schlagen? Naja, ich lag also auf der Couch und fieberte dem Spiel nervös entgegen. Und diese vielleicht auf die Fußballweltmeisterschaft geschuldete Nervosität schrieb ich anfangs mein leichtes Zittern des linken Armes zu. Nach dem Spiel war ich zufrieden und locker, nicht mehr nervös und auch nicht mehr positiv aufgeregt. Das Zittern war weg und ich freute mich auf das erste Spiel der deutschen Nationalmannschaft. Wie die Weltmeisterschaft gelaufen ist wissen alle. Die Brasilianer und wir marschierten im Gleichschritt durch die Spiele und standen uns dann im Halbfinale gegenüber. Am 8. Juli schrieb die deutsche Elf in Bello Horizonte Geschichte. Sie deklassierten die vor heimischer Kulisse auftretenden Brasilianer mit 7:1 und standen im Finale von Rio de Janeiro. Das Endspiel gegen Argentinien gewann wir in der Verlängerung durch ein Tor von Mario Götze mit 1:0 und der Weltmeister hieß Deutschland.

Im Nachhinein fällt mir heute auf, dass die ersten Anzeichen nicht beim Spiel der Brasilianer aufgetreten sind, sondern im März des gleichen Jahres. 15 Jahre fuhr ich jetzt schon jede Wintersaison mindestens ein, wenn nicht sogar zwei Mal in die Alpen zum Skifahren. Aber in diesem Urlaub in Sölden klappte das Carven auf dem weißen Untergrund bei Kaiserwetter nicht mehr. Ich bekam einfach kein Druck auf den linken Ski und der Fuß mit dem darunter fest eingehakten Ski flatterten beim Fahren immer wieder. Ich fuhr wie ein Anfänger und verlor ungläubig die Lust schon am ersten Urlaubstag. Nie wieder sollte ich nach der Woche in Sölden noch einmal auf den Brettern stehen dürfen. Ich erkannte diese Anzeichen natürlich nicht und lebte ganz normal bis in den März 2016 weiter. Ich ging arbeiten und zum Training. Meine Frau musste sich wegen einer Knieoperation noch schonen und wir flogen, statt den Urlaub auf den weißen Pisten der Alpen zu verbringen, in die Karibik auf Curacao. Der Urlaub war schön auf der Insel der niederländischen Antillen und wir flogen 12 Stunden zurück nach Frankfurt am Main. In den 12 Stunden des Rückfluges bemerkte meine Frau, dass ich meinen linken Arm nicht ruhig halten konnte, mir selber ist es in diesem Moment gar nicht aufgefallen. Im Flieger zitterte also nicht nur ich der Landung entgegen, sondern auch mein linker Arm. Das Zittern meines

Armes war dann irgendwann während des Fluges wieder weg, sollte mich aber für mein ganzes restliches Leben begleiten, denn es kam wieder, immer öfter und in immer kürzeren Abständen. 2 Monate später hatte ich einen Termin bei meinem Hausarzt und erzählte ihm eher nur beiläufig von meiner Beobachtung. Jetzt muss man sich nicht vorstellen, dass mein Arm sich beim Zittern groß bewegt hat, es war eher so, dass es für andere kaum wahrnehmbar war. Mein Hausarzt machte dann genau das Richtige und schrieb mir besorgt eine Überweisung zu einem Neurologen auf. Er gab mir noch die Adressen von den Fachärzten mit und ich telefonierte die Liste von oben herab ab. Der erste Neurologe, den ich anrief hatte seine Praxis in Recklinghausen und die nette Dame am Telefon fragte ob ich Patient in deren Praxis sei. Da ich vorher noch nie einen Neurologen gebraucht habe, verneinte ich die Frage. Sie erklärte mir darauf hin, dass der Doktor keine neuen Patienten mehr aufnehmen würde. Ich war darüber sehr erstaunt und machte zum ersten Mal die Erfahrung bei einem Arzt nicht aufgenommen zu werden. Ich hatte aber noch einen Joker in der Hinterhand den ich schon öfter aufgespielt habe, um einen Termin schneller zu bekommen. Meinen gezogenen Joker nenne ich selbst unfair gegenüber gesetzlich versicherten Menschen, doch kann ich mir dafür auch nicht kaufen und nutzte dies eiskalt aus. Ich erklärte der Dame gegenüber, dass ich Privatpatient sei. Als privater Zahler wird man normalerweise in jeder Praxis mit offenen Armen begrüßt. So auch dort, denn plötzlich gab es doch noch einen Termin für mich. Im November hätten sie noch einen Termin für mich frei. November? Wir haben Mai und ich bin jetzt krank und nicht im Herbst war meine Antwort. Ich wünschte der Frau noch einen schönen Tag und legte auf. Ich war wütend und wählte die Nummer der nächsten neurologischen Praxis auf meiner Liste. Dieses Mal war es eine Neurologin und ich fragte eine ihrer Angestellten nach einem Termin. Die gleiche Frage von ihr wie vorher. Sind sie Patient bei uns? Ich verneinte und bekam wieder ein tut mir leid wir nehmen keine neuen Patienten mehr auf zu hören. Ich konnte es nicht glauben wie die Ärzte mit kranken und hilfesuchenden Menschen eiskalt umgingen und ihnen die benötigte Hilfe versagten. Noch einmal den Joker ziehen und das Wort Privatpatient in den Hörer hauchen. Das hat gewirkt. Warum ich das nicht sofort gesagt hätte, kommen sie doch bitte nächste Woche zu uns war die Antwort, die ich bekam. Zum ersten Male in meinem Leben war ich froh der hohen Beiträge wegen die mich meine Krankenversicherung jeden Monat kostet. Ohne große Sorgen ging ich weiterhin arbeiten und natürlich zum Training ins Studio. Eine Woche später lernte ich meine Neurologin und Psychologin dann kennen. Ich saß ihr gegenüber und erzählte ihr von meinem Problem. Sie hörte mir aufmerksam zu und erklärte mir dann einige Theorien. Um den aber nachzugehen müsste sie diverse Untersuchungen veranlassen. Sie checkte mich kurz durch und erklärte mir dann ihre Diagnose. Sie war sich nicht sicher und erklärte mir ich solle mal einige Tage, die von ihr mitgegebenen Tabletten probieren. Sie gab mir eine kleine Packung Pramipexol 0,26 mg mit und wir vereinbarten zwei Wochen später den nächsten Termin. Ich nahm das Medikament wie empfohlen ein und das Zittern hörte auf, kam aber nach ein paar Tagen wieder und das erzählte ich ihr bei unserer zweiten Zusammenkunft. Wir machten daraufhin einen weiteren Termin, um mit den Untersuchungen zu beginnen. Es trat dann am 3. Juni 2016 ein Ereignis ein, dass mir die ganzen vor mir liegenden Untersuchungen und Arztbesuche ersparen hätte können. Denn plötzlich wusste ich ohne die Ärzte was mir geschehen ist. Ich saß mal wieder vor dem Fernseher und verfolgte die Nachrichten. Der Tag und auch der Abend auf jedem Sender gehörten dem größten Boxer aller Zeiten. Die Moderatoren vor der Kamera berichteten von dem in Louisville, Kentucky 1942 geborenen Cassius Clay, den alle Welt nur als Mohamed Ali kannte. Unvergessen ist das Sportereignis des Jahrhunderts, als Ali in Zaire in einem historischen Boxkampf den Schwergewichtsweltmeister Georg Foreman ausknockte. Noch heute wird über die Strategie, die Ali anwandte der Hut von den damals mehr als 1 Milliarde verfolgten TV-Zuschauern gezogen. Mohamed Ali, mit 22 Jahren zum ersten Male Boxweltmeister und davor Olympiasieger ist im Alter von 74 Jahren nach langer und schwerer Krankheit gestorben. An diesem Tage war mir bewusst welches Schicksal mir bevorstehen sollte. Mit der Hoffnung die anstehenden Untersuchungen würden meine Befürchtung demnächst widerlegen ging ich die nächsten Wochen an. Es wurden unter anderen die Nervenbahnen bei mir überprüft. Ich bekam stecknadelähnliche Elektroden in Kopf, Armen, Hände, Beine und Füssen eingesteckt und es floss Strom durch diese Elektroden. Dabei wurde die Zeit meiner Reaktionen von Arm zu den Fingern oder vom Bein zu den Zehen gemessen. Auch die Hirnaktivitäten wurden so kontrolliert. Ich musste ins MRT und viele weitere Untersuchungen über mich erdulden lassen. Um alles andere ausschließen zu können, bekam ich noch schnell einen Termin in der Universitätsklinik in Essen. Dort sollte ich einen DAT-Scan über mich ergehen lassen. Morgens um 9 Uhr an einem Tag im August wurde mir ein radioaktives Kontrastmittel für über 800 € gespritzt. Ich weiß das, weil ich die Rechnungen immer zugeschickt bekomme und diese selbst bezahlen muss, diese dann bei meiner Krankenkasse zwecks Rückerstattung einreiche und 4 Wochen später meist den Betrag auf mein Konto überwiesen bekomme. Danach gab es eine Wartezeit von 5 Stunden bevor es weiterging. 5 Stunden der Nervosität und Ungewissheit lagen vor mir und dass in der Uniklinik in Essen. Dort wo ich 2 Jahre zuvor so schlimme Erfahrungen mit meinen Freund R erlebt habe. Bei ihm sind in diesem Klinikkomplex die letzten Operationen erfolglos durchgeführt und er auf seinen Tod vorbereitet wurde. In den Arztgesprächen wurde ihm im Dezember erläutert, dass er nur noch wenige Wochen zu leben hätte. Jetzt sitzt der ehemalige Bodybuilder mit seinen 58 kg Körpergewicht da und schaut mir bei dieser Mitteilung des Chefarztes in die Augen. Ich, sein bester Freund war bei vielen Gesprächen mit den behandelnden Ärzten dabei und habe ihn und seiner Familie die ganze Zeit tatkräftig unterstützt. Mit Tränen in den Augen nahmen wir das Gesagte auf und stellten unsere weiteren Fragen. Palliativer Dienst wurde uns geantwortet und später sollte es ins Hospiz gehen. Mir war damals zum ersten Mal bewusst, dass Patienten auch nur ein Geschäft für die Götter in Weiß sind. Die mitteilenden Ärzte versuchen vielleicht dem vor dem Tod stehenden Menschen und ihren Angehörigen Mitgefühl zukommen zu lassen, doch irgendwie kommt es durch deren tagtägliche Routine bei Erklärungen um das Ableben nicht rüber. Zum Schluss des Gespräches wurde dann noch vom Chefarzt erklärt, dass R im Hospiz vom palliativen Dienst weiter behandelt wird und die ihm dann schmerzfrei bis um Ende begleiten würden. Die Schmerzen wurden dann mir Morphium behandelt. Mein bester Freund war also vor seinem Tod nur noch High und hat nur noch wenig mitbekommen. Der Tod ist immer der Gewinner und dies ist mir damals klargeworden. Ich habe meinen besten Freund sehr leiden sehen, aber er hatte immer die Hoffnung noch etwas mehr Zeit durch die Operationen zu bekommen. Doch die erhoffte Zeit blieb aus. Der Himmel öffnete das Tor und am 19. Februar 2014 schritt mein bester Freund und Bruder Petrus grüßend hindurch. Er verlor den langen Kampf gegen den Krebs und ließ nicht nur seine Frau und seinen Sohn alleine zurück, nein auch ich fühle mich heute noch verlassen. Mir fehlt der wahre Freund, der Vertraute und Beichtvater. Der dem ich alles erzählen konnte und der zuhörte, mir immer hilfsbereit zur Seite und zu mir stand.

Jetzt saß ich hier am gleichen schrecklichen Ort und mir gingen die vielen Gedanken durch den Kopf. Die fünf Stunden Warterei wurden länger und länger. Die Angst vor der unüberbrückbaren Wahrheit beschlich mich. Irgendwann war die Zeit des Wartens vorbei und ich lag in der Röhre. Eine volle Stunde durfte ich weder den Kopf noch den Rest auch nur der kleinsten Bewegung aussetzen. Das alles war kein Problem, was mir zu schaffen machte, war die Angst über den von mir schon zuvor erkannten Befund. Ich kannte aus den Medien einige Prominente mit der gleichen Diagnose wie die, die mir in wenigen Minuten diagnostiziert werden würde. Alle waren viel Älter als ich und mein Hirn hörte nicht auf mir Horrorszenarien zu liefern. Ich fragte mich, warum ich? Sportler ein Leben lang, nie geraucht oder exzessiv Alkohol getrunken und trotzdem stehe ich nun da und schaue in eine unschöne Zukunft. Dabei hatten mein Schatz und ich für die Zeit nach dem Arbeitsleben Pläne geschmiedet und dafür finanziell vorgesorgt. Was würde nun aus all unseren noch nicht erfüllten Wünschen in Zukunft werden? Ein Wunsch haben wir uns allerdings schon vorher erfüllt. Kurz vor R`s Tod war mir bewusst, dass auch wir nicht ewig leben und niemand wissen kann, wann er den Weg in den Himmel antreten muss. In Rente wollten wir uns noch mit einem Hund beglücken, doch warum warten, wenn ich gerade erst erleben musste, dass der Tod schnell und unerwartet vor der Tür stehen kann. Mein Schatz sprach schon monatelang von ihrer Graudogge. Sogar den Namen Romeo hatte sie sich schon ausgesucht. Es gab nur ein großes Hindernis, eine Dogge oder ein sonst sabbernder Hund mit kurzer Lebenserwartung kommt für mich nicht in Frage. Mein Opa hatte früher Ende der Sechziger bis in den Siebzigern eine Schäferhündin. Assi und ich waren die besten Freunde und wuchsen beschützend zusammen auf. Sie passte auf mich auf und ich durfte als einer der Wenigen ihr mit kuscheln. Noch heute hüpft mein Herz vor Glück bei der Ansicht meiner Fotos aus dieser Zeit. Der kleine 2-jährige Michael und die Schäferhündin tobend im Schnee, der Opa zufrieden die Szenerie beobachtend. Ich hatte damals mit der Hündin mein Glück auf Erden. Ich wollte einen Naturhund, der einem Schäferhund ähnlich ist. Huskys finde ich ganz toll, doch deren Energiebedarf zu stillen fehlte mir die Zeit. Ein Husky will und sollte am Tag viel laufen. Am besten am Fahrrad binden und sich 20 km von ihm ziehen lassen und das jeden Tag, sonst wird der Energiestau anders von ihm abgelassen. Hunde sollten der Rasse gegenüber von den Besitzern artgerecht behandelt werden und einem Husky konnte ich dem nicht genügen. Einen Chow-Chow fand ich auch schon immer schön, also sollte solch ein Hund in unserem Heim bald sein Zuhause nennen können dürfen. Welcher Hund hat alle Eigenschaften dieser von mir bewunderten Hunderassen, ist loyal treu ergeben und nicht zu klein oder zu groß? Meine Wahl traf auf den Japaner Akita Inu. Diese wirklich wunderschönen Hunde aus der japanischen Präfektur Akita waren meine Favoriten. Diese Hunderasse soll es schon im vorhistorischen Japan gegeben haben, Der Akita ist wie der Husky ein nordischer Hund und ist seiner Familie gegenüber so loyal wie ein deutscher Schäferhund. Er ist Beschützer des eigenen Heimes und hat die Größe und ein wenig das Aussehen eines Chow-Chows. Jeder der diese Hunderasse kennt, weiß über die Geschichte von dem Akita Hachiko Bescheid. Hachiko begleitete seinen Besitzer tagtäglich zum Bahnhof und holte ihn immer zur gleichen Zeit dort selbstständig wieder ab. Hachikos Besitzer starb dann irgendwann, doch der Akita soll neun Jahre lang noch jeden Tag zur abholenden Zeit am Bahnhof in Tokyo aufgetaucht und auf sein Herrchen gewartet haben. Nach dessen Tod wurde Hachiko ein Denkmal am Bahnhof gewidmet und jeder kann die Bronzestaue heute noch dort stehen sehen. Der Akita ist in Japan im Jahr 1931 als Naturdenkmal ausgerufen worden. Bis zum Jahr 1945 durfte der Akita nicht ausgeführt werden. Erst die Amerikaner setzten sich nach den von Japan verlorenen Krieg über dieses Ausfuhrverbot hinweg und exportierten den Hund der Samurais in die ganze Welt. Solch ein Hund wollte ich haben, nur musste ich meine Liebste noch von ihm überzeugen. Also fuhren wir zu einer Hundeverkaufsfarm und schauten uns A-kita Hundewelpen in unserer Nachbarstadt an. Mir schien solch eine Hundeverkaufsstation ziemlich unseriös und uns taten die kleinen Vierbeiner alle leid. Um solche Hundevermittler nicht auch noch finanziell zu unterstützen nahmen wir dann schnell Abstand mit unserem Wunsch einen Akita trotz des sensationell niedrigen Preises bei denen zu erwerben. Ich recherchierte und wurde bei einem eingetragenen Züchter oder besser Züchterin in Viersen am Niederrhein fündig. Das erste Telefongespräch lief zufriedenstellend und wir hatten unseren Termin. Die Akita Hündin Akima hatte gerade Welpen bekommen und wir wollten uns diese gerne anschauen. Wir fuhren also an einem Samstag Anfang Februar an den Niederrhein und wurden bei der Züchterin freudig bellend begrüßt. 5 erwachsene Akitas bewachten die Tür und beäugten uns. Ein Tier stach über allen anderen heraus. Sofort bemerkten wir, er ist der Boss in seinem Heim. Shiro war der Vorzeige Akita. Das absolute Ideal eines Hundes. Seine ganze Statur war perfekt und er strahlte den Stolz seiner Rasse mit jeder Bewegung mit sich. Sein rot weißes Fell glänzte im Sonnenschein und mit seinen 35 kg sah er aus wie ein Kraftsportler unter den Hunden. Dieser damals 5-jährige Rüde war mein Traum und doch unverkäuflich. Wir also durch die Tür an der Hundemeute vorbei und im Wohnzimmer zum Vorstellen bereit. Die Züchterin und ihr Mann machten uns sofort klar, dass wir erst einmal keinen Hund von denen bekommen würden. Sie erklärten uns, dass sie sich zum Wohle ihrer Hunde die Kaufinteressenten ganz genau aussuchen würden. Sie wollten uns kennenlernen und beim nächsten Besuch entscheiden. 2 Stunden dauerte unser Besuch der Hundebabys und wir staunten nicht schlecht, denn die kleinen Welpen sahen eher aus wie große Maulwürfe als

Akitas. Doch die Züchterin zeigte auf Shiro und erklärte uns, dass seine Hundeenkel ihm ähnlichsehen würden. Weil wir gar keine Erfahrungen mit Hunden hatten, wollten wir den ruhigsten Welpen aus dem Wurf haben. Des Züchters Antwort ließ nicht lange auf sich warten. Es stehe noch gar nicht fest, ob wir einen Welpen bekommen würden. Doch ich war mir ziemlich sicher, dass wir glücklich und fündig die Heimreise antreten würden. Beim Abschied dann bekamen wir die Zusage ein Rüde erwerben zu dürfen. Der Züchter teilte uns dann noch einen Welpen zu. Wir verabredeten uns für 2 Wochen später zum nächsten Treffen. Nervös vor Freude traten wir dann unseren 2. Besuch in Viersen an. Die Hundewelpen, jetzt 6 Wochen alt begrüßten uns neugierig. 6 kleine Hunde knabberten an unseren Händen, spielten mit meinen Schnürsenkeln in den Schuhen und saßen neben uns auf der Couch. Es waren aber sieben Hundebabys und ich fragte welcher unser kleiner Schatz werden sollte. Der Züchter teilte uns mit, er habe seine Meinung geändert und uns einen anderen Hund zugewiesen als erst versprochen. Es war keiner der sechs Welpen, die ums uns beiden herumspielten. Der Siebte sollte es werden und der lag Abseits des Spektakels bei seiner Mama. Wir waren sofort verliebt in den flauschigen Wollknoll. Also schnappte die Züchterin sich den Kleinen mit dem blauen Halsband und der erste Ausgang mit unserem Hund stand bevor.

Etwa eine Stunde liefen wir gemeinsam durch die Felder am Niederrhein. Danach sollten wir uns noch einen Namen aussuchen und den benennen. Da ich in meinem Leben immer vorbereitet bin, haben wir uns schon einen Namen ausgesucht. Ein Akita stammt aus Japan ab. Er ist stolz und eigensinnig. Ist früher der Hund der Kaiser und Samurais gewesen, deshalb sollte er Samu heißen. Wir verabredeten uns für den 16. März. Samu war dann neun Wochen alt als wir gerade aus dem Sölden Urlaub zurück waren. Einen Tag später holten wir ihn ab. Auf der Rückfahrt lag er auf meiner Frau`s Schoss und hatte seinen Kopf auf meinen Schaltarm. So standen wir etwa dreißig Minuten in Duisburg auf der Autobahn im Stau. Endlich zuhause inspizierte der Kleine sein neues Heim, markierte den Garten einmalig und wich nicht von unserer Seite. Er hatte ein wenig Angst. Ich glaube wir haben ihn ein liebevolles Zuhause geschenkt und er fühlte sich von Anfang an wohl. Er war als Welpe so niedlich, dass uns fremde Frauen öfter wegen eines Fotos fragten. Noch heute ist Samu die Attraktion, egal wo er sich befindet.

Irgendwann hatte das Warten ein Ende, ich also eine Stunde bewegungslos für den DAT-Scan in der Röhre. Danach wollte die behandelnde Ärztin mir das Ergebnis des DAT-Scans erklären. Also wieder warten angesagt. Ich dort sitzend wartend und niemand kümmerte sich um mich. Nach ungefähr einer Stunde, die Sportillustrierte hatte ich schon durchgelesen, sagte die Ärztin mir, dass der Professor gleich zu mir käme. Ich wunderte mich warum der Professor mit mir sprechen wollte. Nach weiteren 30 Minuten, in denen ich nicht mehr klar denken konnte, rief die Arztgehilfin noch mal bei dem Prof an. Es dauerte dann noch mal fast eine Stunde bis der Gott in Weiß sich endlich die Mühe machte und vor mir stand. Mit meiner Geduld und vor allem mit meinen Nerven ziemlich am Ende, wollte ich diese Tortur nur noch zu Ende bringen. Es war mittlerweile halb fünf und ich nervlich sehr gereizt. Der Herr Professor fragte nach meinem Namen und bot mir in einem leeren Nachbarraum einen Platz an. Der Raum sah aus, wie ein Verhörzimmer vom FBI. Alles in Grau gehalten. Ein Schreibtisch in grau, davor und dahinter jeweils ein Stuhl in grau. Der einzige Schrank ebenso wie der Fußboden im gleichen grau. Nur die nackten Wände waren weiß. Der fensterlose Raum spiegelte meine Gefühle wieder. Die erste Frage meines Gegenübers war, ob ich den kanadischen Hollywood-Schauspieler Michael J. Fox kenne. Eine Atombombe explodierte in meinem Kopf. Die Luft blieb mir von diesem verbalen Tiefschlag unter der Gürtellinie weg. Man, da studieren die Mediziner unzählbare Semester und bei dem Fach wo es um Einfühlsamkeit geht schlafen diese wohl wochenlang. Natürlich habe ich die Filme zurück in die Zukunft um die Zeitreisen des Martin Mc Fly oder Doc Hollywood gesehen, also kannte ich auch Michael J. Fox. Das Schlimme daran, ich wusste auch über seinen hoffnungslosen Kampf gegen seine unheilbare Krankheit Bescheid. Mohamed Ali oder der Opernsänger Michael Hoffmann, Frank Elstner und 300.000 andere bemitleidende Menschen in Deutschland teilen diesen Fluch miteinander und nun gehöre ich zu den jährlich 20.000 deutschen Neuerkrankten dazu. Der Schock saß tief. An klar denken war nicht mehr die Rede und an zuhören schon lange nicht mehr. Egal was der Professor von sich gab, es interessierte mich nicht mehr. Ich wollte nur noch raus aus dem grauen Verhörzimmer des FBI. Endlich schüttelte er mir mitleidensbereit die Hand und ich durfte endlich zu meiner wartenden Frau. Meine Frau saß die ganze Zeit auf einer Bank in der Augustsonne vor dem Klinikgebäude. Als ich vor ihr stand fragte sie nur. Und? Ich hätte heulen können. Das Kribbeln im Hals wurde so schlimm, dass ich glaubte mein Herz hätte aufgehört zu schlagen. Mit einer Wut über Gott und die Welt, voller Verzweiflung und der Ohnmacht nahe, sagte ich nur. Ja! Unfassbar war für mich die Diagnose, obwohl ich es schon seit einem halben Jahr mit Gewissheit ahnte. Da stand ich nun wie ein Pudel im Regen, die vielen Klinikgebäude des Universitätsareals um mich rum und mein Leben wie ich es vorher kannte und vor allem genoss war vorbei. Meine Gedanken rasten und ich konnte immer noch nicht klar denken. Auf dem Weg nach Hause unterhielten wir uns über die jetzige neue Situation. Ich wusste nicht wie ich mich gegenüber meiner Umwelt und Mitmenschen verhalten sollte. Erst einmal beschloss ich meine Krankheit geheim zu halten. Doch wie lange würde dieses Geheimnis zu hüten sein? Der Krankheitsverlauf wird unaufhaltsam seinen Weg nehmen und auch für alle anderen um mich herum zu erkennen sein.

Am anderen Tag ging ich ins Gym zum Training. Ich wollte den Kopf freibekommen und der Krankheit mit aller Macht entgegentrotzen. Ich fragte mich, wie kann ich den Krankheitsverlauf so lang wie möglich herauszögern. Nicht aufzugeben war meine Devise und dabei den Körper fit zu halten schien mir einleuchtend. Also ab ins Studio als wenn nicht geschehen wäre und schuften wie bisher. Eigentlich fühlte ich mich zu dieser Zeit nicht krank, ich war fit und hatte außer das leichte Zittern im linken Arm keine Einschränkungen. Ich musste kämpfen und das tat ich beim Gewichtheben und an den Geräten. Auf der Arbeit erzählte ich niemanden von meinem Unglück, ich wollte keine Schwierigkeiten bekommen. Diese Taktik sollte sich meiner Erfahrung nach noch auszahlen. Bei meiner Leidenschaft, dem Fußball, wenn der FC spielte konnte ich mein Zittern nicht mehr unterdrücken. Jedes Mal, wenn ich nervös oder aufgeregt bin ist das Zittern ganz schlimm. Teilweise muss ich immer öfter darauf verzichten den Geißböcken beim Spielen live als Fan beizustehen. Ich ging also arbeiten und trainieren und lebte anfangs einfach wie immer mein normales Leben.

Ich hatte Jahre vorher vom Kreisamt Recklinghausen auf meine lädierten Bandscheiben 20% Behindertenprozente zugesprochen bekommen. Jetzt mit meiner dazu gekommenen Krankheit stellte ich einen Verschlimmerungsantrag und bekam nach monatelanges warten 40% zugesprochen. Danach stellte ich im Frühjahr bei meinem Rententräger einen Antrag für eine Rehabilitation. Im Spätsommer 2013 bin ich schon einmal in einer Kur gewesen. Damals war es mein erster Aufenthalt in einer Kurklinik. Den Zuspruch bekam ich wegen meiner defekten Lendenwirbel. Das Hauptaugenmerk der Reha war dann in Bad Salzuflen die Physiotherapie meiner Wirbelsäule. Ich fuhr in der letzten Augustwoche mit meinem eigenen PKW die 180 km ins Lippetal, um mich dort 3 Wochen zu regenerieren. Ich meldete mich bei meiner Ankunft an der Rezeption an und durfte sofort in mein Zimmer. Eine halbe Stunde später schon erste Visite bei meiner für mich zuständigen Orthopädin. Danach ging ich in den Speisesaal zum Mittagessen. Oh je, dachte ich mir beim ersten Anblick der dort anwesenden Mitpatienten. Am Tisch mir gegenüber eine Russin aus Düsseldorf. Ich habe nichts gegen russischstammende Mitmenschen, aber diese Person hatte den Knall nicht gehört und hinterher habe ich von den anderen Klinikbesuchern erfahren, dass ich ihnen leid tat wegen meiner Tischnachbarin. Zum Glück war sie nach einer Woche verschwunden und ich erlöst. Ich habe mich sowieso immer in den Speiseraum begeben, wenn sie mit dem Essen fertig gewesen war. Aber zurück zum ersten Tag. Nach dem Mittagessen war ich insgesamt 2 Stunden im Haus und ich ging los, um das vorher im Internet recherchierte Fitnessstudio zu besuchen. 30 Minuten später, nach einem kurzen Gespräch mit der Angestellten dort, hatte ich für 4 Wochen eine Mitgliedschaft erworben. Zumindest das Training war schon mal gerettet. Jeden 2. Tag nahm ich mir vor meine Muskeln außer Haus zu trainieren. Am späten Nachmittag bekam ich schon meinen Therapieplan und am folgenden Tag war mein erster Einsatz im Schwimmbad zum Aquagymnastik. Ich also nach dem Frühstück runter in den Keller, Badehose an und ab ins Becken. Jetzt waren dort nur Patienten die noch nie oder schon Jahre kein Sport getrieben haben. Da ich als letzter in die Schwimmhalle kam, waren alle Augen auf mich gerichtet. Manche bekamen den Mund nicht zu, ich war eben ein durchtrainierter Mann, der mit Muskelmasse protzen konnte. Auch in der Sporthalle wurde ich noch vor meiner ersten Einheit in der Reha von den Mitwirkenden nach der richtigen Ausführung ihrer jeweiligen Übungen gefragt. Ich war erst 2 Tage dort und schon bei vielen durch mein Bodybuilding im Gespräch. Natürlich wies ich bei Fragen der Physiotherapie immer auf den leitenden Therapeuten hin, ich wollte mich bei den Angestellten dort ja nicht unbeliebt machen.

Am 2. Tag ging ich zum ersten Mal ins Gym und trainierte dort Brust und Arme. Als Neuling und Fremder wurde ich auch dort von den Mitgliedern beobachtet. Aber so ist es beim Bodybuilding nun mal. Egal wo auf der Welt man in einem Gym auftaucht, man ist unter Gleichgesinnten und gehört sofort dazu. So auch ich in Bad Salzuflen. Ich kam schnell mit dem einen und anderen in den nächsten Tagen beim Training ins Gespräch und wir tauschten uns aus. Später traf ich viele der Leute aus dem Trainingscenter in der Stadt, im Park oder in den Gaststätten und Restaurants und immer hörte ich neben ein anerkennendes Kopfnicken ein nettes Wort. Bodybuilding verbindet und schmiedet untereinander schnell Bekanntschaften. Der August war sehr warm und sonnig, so auch in den ersten zehn Tagen meines Aufenthaltes in Bad Salzuflen. Ich also nach dem Training vor der nächsten Reha Einheit in den Garten auf die Liege Sonne tanken. Oberkörper frei und Buch in der Hand machte ich es mir unter den anderen Kurbesuchern bequem. Ein Nicken hier, ein Lächeln dort und plötzlich wurde ich von einer Patientin gefragt ob ich ihre Freundin gesehen habe. Ich kannte weder die Fragende noch ihre Freundin. Verneinte und sie ging ihre Bekannte weitersuchen. Am frühen Abend, nach dem Abendessen, saß ich allein vor dem Haupteingang in der untergehenden Sonne und verfolgte das Geschehen um das Kurhaus. Hier trafen sich die Unternehmungsfreudigen und gingen dann aus. Die suchende Frau mit ihrer gefundenen Freundin war auch dabei. Wir kamen ins Gespräch und ich schloss mich denen an. Als wir dann zu siebt loszogen, bemerkte ich, dass ich der einzige Mann der Gruppe war. Wir haben uns alle in einem Biergarten bei der untergehenden Sonne an einem schönen Sommerabend gut unterhalten und ich erfuhr so schon am zweiten Abend alles Wissenswertes über die Klinik und den Patienten. Die drei Wochen vergingen wie im Fluge. Wir hatten Spaß und haben viele Dinge gemeinsam unternommen. Nach und nach verließ uns aus der Klicke jemand und am Ende waren wir nur noch zu zweit. Ich habe einen Haufen Leute kennengelernt und nach meiner Kur niemanden mehr getroffen oder sonst Kontakt zu jemanden gehabt. Obwohl eine Sache ist mir erst einige Jahre später aufgefallen. Ich war in der Reha mittwochs in der Nordic Walking Gruppe eingeteilt. Bei all den unsportlichen Teilnehmern stach ich als aktiver Leistungssportler natürlich heraus. Nur das ich von der begleitenden Physiotherapeutin ständig korrigiert worden bin. Mein Ego schämte sich und die Blicke der anderen Walker ärgerten mich fast so sehr, wie ich mich über mich selbst geärgert habe. Da ich immer den perfekten Weg zu gehen versuche, störte es mich gewaltig hier versagt zu haben. Ich war zwar schnellen Schrittes unterwegs und lief vorne weg, doch die Armkoordination war eine Katastrophe. Das Zusammenspiel linke Bein mit dem rechten Arm vor klappte einwandfrei, doch das rechte Bein mit dem linken Arm überhaupt nicht. Der linke Arm wollte sich einfach nicht automatisch nach vorne bewegen. Ich hasste mich selbst dafür, denn ich dachte damals ich sei zu doof, um diese einfachen Schritte auszuführen. Heute rückblickend mit der Kenntnis und der Diagnose meiner Krankheit ist mir sehr wohl bewusst, dass dies die ersten äußerlichen Merkmale meine Behinderung waren.

Einige Monate später hat meine Frau bei einem Angebot zugeschlagen. Sie orderte ein Wellnesswochenende in Niedersachsen in der Nähe von Bad Prymont in einem Burghotel. Auf der Autobahn bei dem Hinweg fuhren wir nahe an Bad Salzuflen vorbei und mir kam die Idee auf dem Rückweg dort anzuhalten und den Montag dort in der Wellnessoase des Fitnessstudios zu verbringen. Sauna, warme Pools mit sehr hohem Salzgehalt und ein gutes Essen, meine Frau war überrascht und erfreut zugleich. Als wir dann auf dem Heimweg auf den Parkplatz der Wellnessoase fuhren und ausstiegen, erkannte mich jemand vom Gym in der Kurzeit und grüßte mich beim Vorbeigehen. Mein Schatz guckte mich an und wunderte sich, dass ich hier fremde Leute kennen würde. Ein paar Meter weiter, wir hatten den Eingang noch nicht erreicht, grüßte mich eine zweite Person mit einem Grinsen im Gesicht. Wieder guckte meine Frau erstaunt zu mir. An der Kasse fragte die Bedienung mich dann noch wie es mir gehen würde und ich erklärte meiner Frau warum die mich hier kennen. Der Wellnesstempel hat einen Gym und dort habe ich während der Reha trainiert. Daher erkannten mich einige Personen. Bodybuilding verbindet eben. In vielen Ländern haben wir unsere Urlaube verbracht und immer wieder habe ich im Gym fremde Menschen mit der selben Passion wie ich kennengelernt. In Ägypten zum Beispiel ging ich in dem gebuchten Cluburlaub am ersten Tag in den kleinen Trainingsraum. Die Sonne ist gerade untergegangen und viele Urlauber und Bedienstete wollten noch vor dem Abendessen Sport treiben. Da stand ich dann im überfüllten Gym und inspizierte die Lage. Nur eine Flachbank und die war durch einen farbigen Kerl besetzt. Ich trotzdem hin und frage ihn wie üblich beim Training, ob ich mit einsteigen könnte. Er schaute mich an und sagte dann yes of course. Sein Gesicht sagte aber etwas Anderes, was eher so ausfiel.

No, go away and let me alone with my Powerlifting. Er machte also für mich Platz und ich packte seine Gewichte von der Stange. Jetzt guckte er noch bitterer, sagte aber nichts. Ich machte mich mit niedrigem Gewicht warm, packte seine Scheiben wieder auf die Langhantel und übergab die Bank an ihm. So ging es hin und her bis ich ihm mit dem Gewicht einholte. Er trainierte mit 80 kg Bankdrücken und machte mit diesem Gewicht seine Sätze und Wiederholungen. Ich trainierte mit 100 kg und machte die gleiche Anzahl an Wiederholungen wie er. Das Interessante an unserem Training war, dass er mit jedem Satz in dem ich mein Gewicht steigerte redseliger wurde. So erfuhr ich, dass er Angestellter des Clubs und der Abteilung Sport zugeteilt war. Er musste für mich oder den anderen Gästen im Gym den Platz freimachen. Da ich ihn ja nicht wegjagen wollte, noch in fortgeschickt habe, trainierten wir nun das Bankdrücken zusammen. Danach beobachtete er mich und nickte mir immer zu, wenn sich unsere Blicke kreuzten. Am nächsten Tag liefen wir uns beim Frühstück über den Weg. Er begrüßte mich mit einem fröhlichen Gesichtsausdruck, gab mir begeistert die Hand und fragte, ob wir uns am Abend wieder im Gym treffen würden. Bis zu unserer Abreise liefen wir uns den ganzen Urlaub immer wieder über den Weg und hatten Spaß dabei. Auch hier kann ich wieder sagen Bodybuilding verbindet. Egal wo der Bodybuilder zuhause ist, kommt er in einem anderen Gym gehört er dazu. Bodybuilder halten auf der ganzen Welt zusammen, die meisten geben sogar während eines Wettkampfes der Konkurrenz wertvolle Tipps so wie Kevin Levrone damals Ronnie Coleman. Ronnie nahm sich dem an und verlor über Jahre hinweg keinen Wettkampf mehr.

Den zweiten Kurantrag stellte ich ein Jahr nach Bekanntwerden meiner Krankheit. Schnell bekam ich von meinem Rentenversicherungsträger positiven Bescheid und es ging im September 2017 nach Bad Wildungen in Hessen nahe des Eder Sees. Diese Kurklinik hatte einen neuen Gym und ich besuchte diesen am zweiten Abend. Viel Auswahl an Geräten gab es nicht, aber um ein wenig während der Reha zu trainieren reichten die Geräte aus. Improvisieren war angesagt. Am Morgen hatte ich die Einweisung und bekam den Zettel mit den für mich individuell abgesprochenen Übungen in die Hand gedrückt. Ich sollte in meiner Freizeit mehrmals in der Woche hier Kraft und Ausdauer trainieren. Ich wollte aber mein eigenes Krafttraining hier praktizieren und das war etwas Anderes als für mich von den Physiotherapeuten abgestimmten und besprochenen Übungen. An meinem ersten Abend war auch noch der Chef der Physioabteilung dort als Aufsicht eingeteilt gewesen. Abgesprochen war wie bei allen anderen Patienten, dass wir Gewichtssteigerungen nur in Absprache mit den für uns vorgesehenen Kurmitarbeiter vornehmen dürfen. So konnte ich aber nicht trainieren. Ich wusste ja nicht, wie genau die Angestellten im Haus es hier nehmen würden. Ich ging zum Chef und hielt ihm den Zettel vor die Nase. Fragte ihn wie ich hier trainieren dürfte, denn nach Gewichtssteigerungen jedes Mal um Erlaubnis zu bitten ginge nicht. So funktioniert mein Trainingsplan nicht. Der gute Mann schaute mich an, guckte von unten nach oben und sagte mir dann, dass ich in Angelegenheiten des Gyms Profi wäre und ich hier trainieren könnte wie es mir gefiele. Die anderen fleißig Trainierenden sahen mich dann vier Mal die Woche und wunderten sich über mein Training das sich so ganz von ihrem unterschied. Es kamen auch Fragen an die Aufsichtsführenden und einmal hörte ich die Antwort, dass ich Trainertraining praktizieren würde. Danach wurde ich eigentlich jeden Trainingstag und auch manchmal außerhalb des Trainings nach Übungen und oft auch nach Ernährungstipps von anderen Kurgästen gefragt. Für einige war ich mit meinen enganliegenden hautengen Trainingshirts im Gym ein Vorbild. Beim Sport pumpten sich die Muskeln auf, nahmen visuell an Masse zu und im Spiegel sahen die anderen sporttreibenden Gäste einen Bodybuilder. Ich schaute in den selben Spiegel, sah natürlich meine Muskeln noch, aber einen Bodybuilder sah und sehe ich heute nicht mehr. 2017 ein

Jahr nach der Diagnose fing mein Körper langsam abzubauen. Ich schaffte einfach nicht mehr die Trainingsintensivität aufrecht zu erhalten und musste wegen des Kraftverlustes vor allem im linken Arm enorm das Gewicht bis heute kontinuierlich reduzieren. Jetzt gibt es im Bodybuilding den Spruch: Masse gleich Kraft. Da mir die Kraft aber immer weiter von dannen ging, verlor ich auch die Muskelmasse und sehe mich nur noch mit Tränen in den Augen im Spiegel an. Jetzt setzt sich ein wenig mehr Fett an Bauch und Hüften an und verfälscht damit auch noch das Körpergewicht. Insgesamt habe ich in den letzten drei Jahren nur 3 kg Körpergewicht verloren, schaut man aber genauer hin, verlor ich etwa 6 kg an Muskelmasse und legte beim Fettgehalt 3 kg zu. Um zu begreifen wieviel Muskelmasse dies ist, muss man sich 6 kg Fleisch auf dem Küchentisch an einem Stück vorstellen. Soviel Muskelmasse zu verlieren ist für jeden Sportler des Bodybuildings ein Alptraum. Nur noch das ein oder andere Bild von früher erinnert mich daran, wie ich mal ausgesehen habe. Mein Trainingspartner Bernd hatte vor drei Jahren einen Fitnesstest im Studio durchführen lassen. Als ich zum Training kam machte er sich gerade auf dem Fahrrad warm und rief voller Stolz, er hätte ein metabolisches Alter von 42 Jahren. Bernd ist kurz davor 50 Jahre alt geworden. Er versuchte mich damit hoch zu nehmen und hörte erst damit auf, nachdem ich den Fitnesstest selbst über mich ergehen habe lassen. 14 % Körperfett stand in der Analysentabelle. Mein metabolisches Alter wurde mit 32 Jahre angegeben. Ha, Bernd wurde 9 Jahre jünger bezeichnet, ich aber mit 16 Jahren Differenz. Welch ein Erfolg. Mit einem verschwitzten Lächeln zeigte ich ihm dies schwarz auf weiß und zog nun ihn auf. Bodybuilding und der Fitnesssport allgemein können jung und gesund halten. Nur sollte jeder dazu die Masse der Gewichte nicht übertreiben, sonst ist es wie bei mir, jünger geschätzt ja, aber Gelenke und Wirbel kaputt.

Zurück zu meiner 2. Kur. Dieses Mal wegen meiner neuen Krankheit und nicht auf meine lädierten Bandscheiben. Wieder fuhr ich mit dem eigenen Auto die 230 Kilometer. Kurz vor Kassel dann die Abfahrt nehmen und noch ein paar Kilometer durch die ländliche Gegend. Bad Wildungen ist ein Kurort und nichts anderes. Die Kleinstadt gebe es sonst überhaupt nicht, wenn es nicht die Kurkliniken dort geben würde. Klinik an Klinik, Hotels und Pensionen und viele Restaurants. Ein paar wenige Souvenirläden und das war es. Ich hatte bei meiner Ankunft Glück. Direkt vor dem Haus war ein Parkplatz frei. Normalerweise parkt man etwas weiter weg. Ich also Rückwärtsgang eingelegt und kurbel mich in die enge Parklücke. Gerade als ich so richtig gerade und perfekt in der Parklücke stehe, hält ein weißer 3er BMW neben mir. Auf dem Fahrersitz so eine hochnäsige Blondine Mitte vierzig. Ich dachte noch, die ist hier falsch, der Schönheitschirurg der jährlich an ihrem Gesicht schnibbelt sitzt in Düsseldorf auf der Königsallee. Das Fenster des leeren Beifahrersitzes bei ihr ging langsam herunter und sie schaute mich über den oberen Rand ihrer Gucci Sonnenbrille an. Mit ihren Fingern und den unechten rot lackierten Fingernägeln schob sie ihre Sonnenbrille bis zur Nasenspitze, schätzte mich den Bruchteil einer Sekunde ein und ließ dann ihren Spruch los. Das wäre ihr Parkplatz, sagte sie voller Überzeugung und machte sich bereit in die Lücke zu fahren. Jetzt war sie es mit ihrer arroganten Art wohl gewöhnt alles sofort zu bekommen was sie anstrebt. Ihre Männer springen sofort oder zücken das Portemonnaie, um ihr Befriedigung zu geben. Diese Frau war mir vom ersten Anblick an unsympathisch und ich lächelte sie mit einem falschen Gesichtsausdruck an und gab ihr zur Antwort: Und jetzt ist es meiner. Solch eine Antwort hatte sie nicht erwartet. Ich glaube, der einzige Kerl, der ihr im letzten Jahrzehnt widersprochen hatte, wird ihr Ex-Mann bei ihrer 4. Scheidung gewesen sein und nun ich. Im Kavaliersdelikt ließen die Reifen ihres BMW ein wenig Gummi auf dem Asphalt und weg war sie. Ich hatte mir gerade eine Freundin fürs Leben gemacht. Im Kurhaus lief sie mir dann gefühlte 2 Wochen immer mal über dem Weg, doch gegrüßt hat sie nie (grins). Ich danach ausgestiegen und zur Parkuhr. Aus dem Internet schlau gemacht wusste ich mit 40 € bin ich für 4 Wochen dabei. Auch das ich nur Kleingeld in die Parkuhr werfen konnte war mir bekannt. Vorbereitung ist nun Mal die halbe Miete. Ich also meine vorher abgezählten Eurostücke in der Hand und werfe mein Kleingeld in den Parkuhrenschlitz. Drücke dann auf den grünen Knopf und der Bon kam heraus. Ich traute meinen Augen nicht. Der Bon wies mich aus, mein Auto dort 10 Tage stehen zu lassen. Ich habe aber für 4 Wochen Kleingeld in die Parkuhr geworfen und Rückgeld erstattete die Parkuhr mir auch nicht. Ich auf den anderen Knopf für Rückgeld noch einmal gedrückt, nichts. Mein Blutdruck war jetzt in einem gefährlichen Bereich, gut dass der weiße BMW nicht jetzt angehalten hat. Mein Restgeld war weg. Ich musste nach zehn Tagen dort den Parkplatz wieder verlassen oder neu bezahlen. Wütend packte ich meine beiden Koffer aus dem Heck des Audis und machte mich zum Haupteingang.

Mein Zimmer klein, eng und ohne Balkon. Wenigstens einen Fernseher hatte ich. Das kleinste Modell mit einer 32 cm Bildschirmdiagonale. Das fängt ja toll hier an waren meine ersten Gedanken nachdem ich etwas zur Ruhe kam. Mein Blutdruck mit 160:87 mm Hg viel zu hoch und ich bekam sofort meine erste Aufgabe von meiner Ärztin zugeordnet. Drei Mal am Tag Blutdruck messen, mindestens 1 Woche lang. Vor einigen Jahren, als ich bei meinem neuen Hausarzt einen kompletten

Check absolvieren musste, stellte er auch zu hohen Blutdruck fest. Da ich nicht rauche und auch kein Alkohol trinke, sollte ich fettfrei essen. Tue ich aber bereits und so bekam ich von meinem Arzt zur Antwort. Bluthochdruck ist eine typische Bodybuilder Krankheit und ich sollte mit dem Sport aufhören. Ich hatte sofort ein Klingeln in den Ohren. Meine Alarmanlage gab alle Töne von sich die sie im Programm hatte. Das meint er doch nicht wirklich, dass ich mit meiner Leidenschaft aufhören sollte oder. Zuviel Kraftanstrengung wäre nicht gut und fördert meinen Blutdruck in den High Score Bereich hörte ich meinen Hausarzt noch sagen. Meine Antwort kam schnell und giftig. Dieses Mal traute er seinen Ohren nicht was er von mir als Antwort zu hören bekam. Eher falle ich Tod um, bevor ich mit meinem Sport aufhöre. Mich muss man aus dem Studio tragen, sagte ich ihm. Wie wäre es mit ein paar Kilo abnehmen fragte er mich dann auch noch. Abnehmen? Ich wog damals 85 kg bei 180 cm Größe. Kommt nicht in Frage und wo soll ich abnehmen, fragte ich ihn. Seine Vorschläge gingen gar nicht und ich konnte sie nicht akzeptieren. Also schaute er in seiner Apotheke und las mir mehrere blutdrucksenkende Medikamente vor, doch alle passen nicht zu meinem Sport, bis auf das Medikament Exforge. Ich nahm diese Tabletten mehrere Wochen lang und setzte diese dann langsam wieder ab. Meinen Blutdruck verfolgte ich dann täglich mit einem neu erworbenen Blutdruckmessgerät. Nach einigen Monaten stellte ich fest, dass ich den gleichen Blutdruck habe mit oder ohne Exforge. Also stellte ich die Medikamenteneinnahme ganz ein. Erst sehr viele Jahre später klärte sich mein Problem mit dem Blutdruck auf. Ich bin einer der Personen, bei denen der Blutdruck in Millisekunden bei Stress oder Nervosität in die Höhe geht. Wenn der ärztliche Dienst bei der Arbeit meinen Blutdruck misst, bin ich mit 156:88 zu hoch. 15 Minuten später vor dem Belastungs-EKG habe ich dann beruhigende 120:80 mm Hg. Dieses Phänomen tritt bei mir regelmäßig auf. Zuhause gemessen alles in Ordnung, eine Stunde später beim Arzt zu hoch. Mein Hausarzt rät mir immer nicht elektrisch und nicht mit einer kleinen Manschette zu messen. Meine Arme wären zu dick. Seine medizinisch-technische Assistentin misst 164:94 mit der kleinen Manschette und er 10 Minuten auf meinem Drängen hin mit der Großen 120:80. Die Zeiten des Kopfzerbrechens wegen meines Blutdruckes sind also fast vorbei.

In Bad Wildungen saß ich beim Essen an einem 6er Tisch. Die Leute an dem zugewiesenen Tisch waren ganz in Ordnung. 3 Migräne Fälle, einen der ATS hatte, weswegen der Sechste am Tisch in der Kur war weiß ich nicht mehr, er ist nach meiner ersten Woche entlassen worden. Doch bevor er gegangen ist, habe ich noch zwei Dinge von ihm geerbt. Das erste Erbstück, dass ich mir von ihm organisierte war ein Wäscheständer, dieser war für mich wegen der Trainingsklamotten sehr wichtig. 4 Wochen sollte ich dort verbringen und in der Zeit wollte ich die Waschmaschine öfter betätigen und die gewaschene feuchte Kleidung musste ja irgendwo getrocknet werden. Den Wäscheständer hatte ich als schon mal. Was dann aber schon fast überlebenswichtig für mich war, sind die 8 Essenskarten, die ich großzügiger Weise von ihm bekommen habe. Jetzt muss man wissen, dass die Patienten eine Woche im Voraus auf einem Blatt eines von täglich drei angebotenen Menüs auswählen müssen. Eines ist vegetarisch, also kommen für mich nur noch zwei Essen in die Auswahl. Vor dem Abholen habe ich mir immer das Essen angeschaut und wenn das von mir bestellte Menu nicht lecker ausgesehen hat, habe ich aus meinen Ersatzkarten ein anderes Menu ausgewählt. Es kam auch vor, dass ich heimlich zwei Essen gegessen habe. Musste nur aufpassen, dass die Angestellte, die mir das erste Menu gab, mich bei der Abholung von Menu 2 nicht beobachtete oder sogar bediente. Mit diesen Kartentricks habe ich genügend Kohlenhydrate während meiner ersten Kur in Bad Wildungen zu mir nehmen können. Neben dem Essen in der Klinik sind wir als Gruppe oft in den nahen gelegenen Restaurants gewesen und haben dort zu Abend gegessen. Nach einiger Zeit schloss ich mich einer tollen Gruppe an. Ich lernte die Leute alle nach und nach kennen. Es waren 5 Frauen und ich der 2. Mann. 3 Frauen mit Multi Sklerose, eine Dame mit Migräne, der andere Mann Rücken und die letzte Frau, bei der ich das Krankheitsbild nicht so genau kenne. Eigentlich ist so viel Krankheit auf einem Haufen zum Heulen, doch wir hatten immer viel Spaß zusammen. Ich war ja mit meiner ähnlichen Krankheit ein Neuling auf dem Gebiet und bekam dort bei intensiven Gesprächen von den erfahrenden Damen viele wertvolle Tipps zugesteckt. Eines teilten wir alle gemeinsam und ich glaube gerade deshalb haben wir uns so gut verstanden, wir sind fast alle unheilbar krank. Unser Krankheitsbild wird sich von Jahr zu Jahr immer weiter verschlechtern. Doch Gemeinsamkeiten schweißen zusammen und ich bin froh sagen zu können, dass wir noch heute gemeinsamen Kontakt zueinander pflegen und auch ein Wiedersehen planen.

2019 beantragte ich als chronisch Kranker mit unheilbarer Krankheit eine erneute Kur. Ich wusste das einige meiner Bekannten aus Bad Wildungen auch wieder dort sein würden. Mein Gesundheitszustand hat sich kontinuierlich verschlechtert. Das Laufen fällt mir immer schwerer. Keine noch so kurze Strecke bekomme ich noch in gerader Haltung hin. Auch stolpere ich jetzt seit neuesten auch schon mal. Das Zittern ging langsam auch ins linke Bein über. Ich kann kein Gespräch mehr länger als 10 Minuten folgen, die Unkonzentriertheit nimmt rapide zu. Das Zittern vor den Mitmenschen zu verstecken gelingt mir kaum noch, doch das schlimmste Symptom ist die Müdigkeit. Ich gehe abends früh ins Bett und schlafe meist sofort ein. Werde am anderen Morgen, wenn ich nicht arbeiten muss zwischen sechs und sieben Uhr wach. Dann folgt immer das gleiche Ritual. Badezimmer, Frühstück und mit Samu raus. 2 Stunden bin ich so in der Frühe beschäftigt. Danach sitze ich im Auto auf dem Weg ins Gym und bin dann schon wieder erschöpft und von der Müdigkeit geprägt. Der Wunsch zu trainieren und die Angst Muskelmasse zu verlieren siegen noch gegen den aufkommenden Schlaf. Auf dem Weg zur Tagschicht mache ich mich um halb sechs, das heißt zwanzig nach vier morgens aufstehen, um alles erledigen zu können. Um viertel vor acht, in der Morgenbesprechung sitze ich da und werde von der Müdigkeit überfallen. Mich zu konzentrieren fällt mir dann unheimlich schwer und ich bin froh den Raum mit den vielen Gewerken so schnell wie möglich verlassen zu können. Immer öfter frage ich mich selbst, wie lange ich dieses Pensum noch schaffen werde.

Mein Kurantrag wurde nicht bewilligt. Der Rentenversicherungsträger wollte ein Gutachten haben und so schickte man mich zu deren Vertrauensarzt. Jetzt ist in der Zwischenzeit etwas passiert. Wenn ich vorher gewusst hätte, dass uns der nächste Schicksalsschlag bevorsteht, so hätte ich mir den Kurantrag selbst erspart. Bei einer Routineuntersuchung meiner Frau beim Streaming der Brust ist ein Tumor in der linken Brust entdeckt worden. Lange im Leben waren wir vom Glück begünstigt, doch nun schlägt das Schicksal gnadenlos zu und das nicht einmal, nein immer wieder gibt es einen Schuss in den Bug. Unser Schiff hat jetzt schon Schieflage, fährt nur noch mit halber Kraft und droht abzusaufen. Edward John Smith, Kapitän des Ozeanriesen Titanic, stellte am 12. April 1912 fest, dass sein Schiff doch nicht wie vorhergesagt unsinkbar war. Hundert Jahre später stellte ich nun auch fest, dass ich nicht unverletzlich und ewig glücklich lebend auf diesen Planten wandeln darf. Ich beginne zu sinken und kann den Wassereinlauf nicht aufhalten. Wie bei der Titanic gibt es auch bei mir zu wenig oder eigentlich gar kein Rettungsboot. Es gibt Tage, da fühle ich mich wie der Schauspieler und Komiker Didi Hallervorden in Til Schweigers Film Honig im Kopf. In diesem Film spielt der Hallervorden einen pensionierten Arzt, der an Demenz erkrankt ist. Er hat noch helle Augenblicke, doch die Vergesslichkeit nimmt immer mehr zu und holt ihn dann auch schnell ein. Der Film ist sehr empfehlenswert und für die schauspielerische Leistung hätte Didi Hallervorden den Oscar verdient. Auch bei meinem Krankheitsbild ist die Wahrscheinlichkeit an Demenz zu erkranken sechsmal höher als bei gesunden Menschen. Nur daran zu denken bringt einen um den Schlaf. Ich sehe das Ende meines Weges. Ich weiß nicht wann meine Straße mich nicht mehr weiterführt, aber ich erkenne schon jetzt wie der Pfad endet. Bis dahin wird es steinig und schwer.

Meine Frau bekam nach weiteren Untersuchungen in dem evangelischen Krankenhaus, die auf Brustkrebs spezialisiert sind, die schreckliche Diagnose. Schnellwachsender bösartiger Tumor in der linken Brust. Ich konnte sie nicht so trösten wie es ihrer bedurft hätte, denn welche Worte können bei bösartigem Krebs beruhigend wirken? Wir entschieden den angestrebten Urlaub anzutreten und verbrachten eine schöne Zeit mit unserem Wohnmobil in Istrien. Danach überstand sie die brusterhaltende Operation. Zum Glück hat der Krebs nicht gestreut und kein anderes Gewebe war befallen. Es folgte eine abgebrochene Chemotherapie, die Bestrahlung und das fünfjährige Einnehmen von Hormontabletten. Die super langen schwarzlockigen Haare fielen drei Wochen nach der ersten Chemotherapie aus. Wir waren im Schwarzwald und dort ist es mit dem Ausfall der Haare am letzten Urlaubstag geschehen. Eine Woche Titisee und Freiburg gönnten wir uns bei schönem Sommerwetter und als Höhepunkt durfte ich am vorletzten Tag unseres Urlaubes ins Schwarzwaldstadion und meiner zweiten Leidenschaft nachgehen. Durch ein Tor in der Nachspielzeit gewann der FC gegen die Breisgauer mit 2:1. Ein Wehmutstropfen auf den von Schicksalsschlägen erhitzten Stein.

Es fällt mir immer schwerer normal weiter zu leben. Abends liege ich im Bett und denke über meine Krankheit nach. Meine Gedanken rauben mir dann den Schlaf. Was kann ich tun, um den Verlauf zu stoppen oder zumindest zu verlangsamen? Ich bekomme immer wieder die gleiche Antwort. Der Name Morbus Tremor sagt schon alles aus. Morbus bedeutet unheilbar. Die Hoffnung auf die Pharmaindustrie zerschlägt sich mir jeder Woche weiter. Vor einem halben Jahr erzählte mir meine Neurologin von einer neuen Studie. Ein gewisser Professor Höglinger, der einen Lehrstuhl für translationale Neurodegeneration besetzt, behauptet in der Forschung demnächst so weit zu sein, dass er ein Antikörper durch eine Infusion verabreichen kann, die die Ausbreitung von alpha-Synuklein im Nervensystem verhindern und Ablagerungen reduzieren würde. Nach meiner Kenntnis, also einfach ausgedrückt, verhindert die Infusion, dass sich irgendwelche Eiweiße an den Nervenenden, die das benötigte Dopamin aussenden setzen und diese blockieren. Meine Ärztin meint, dass die Studie erfolgreiche Ansätze hat und dieses Medikament genau richtig für mich wäre. Ich sollte noch etwas abwarten bis die Forschungsergebnisse vorliegen und alle Nebenwirkungen bekannt seien. Es würde aber noch sicherlich 3 Jahre dauern, bis zur Zulassung der amerikanischen Medikamentenzulassungsbehörde FDA. Die deutsche Behörde BfArM tut sich immer schwerer und die Mühlen mahlen dort sehr langsam. Die Forschung soll in der Phase 2 oder 3 sein und sucht dringend Probanden, um die Infusion am Menschen zu testen. Vom Anfang, dem Setzen des Targets bis zur Fertigstellung der Forschung dauert solch eine Studie im Schnitt 10 Jahre. Um dann das Medikament auf den europäischen Markt bringen zu dürfen, beantragen die meisten Pharmaunternehmen bei der europäischen Arzneimittelagentur EMEA die Zulassung. Dieser Schritt benötigt wiederum eine Zeit von ein bis zwei Jahren. Insgesamt gehen so mal eben 12 Jahre durchs Land und mein Gesundheitszustand wird immer schlechter. Ich befürchte die Zeit wird der Herr im Himmel mir nicht mehr zugestehen. Ich hoffe die Pasadena-Studie wird endlich erfolgreich sein und mein Leiden aufgehalten, bestenfalls gestoppt. Bisher gibt es kein wirkliches Medikament, dass den Verlauf der Krankheit unterbrechen kann. Angst diese Hoffnung zu verlieren und mich selbst dabei zu beobachten wie der Tremor mein Leben immer mehr beeinflusst, mich selbst und meinen Körper immer weniger selbst kontrollieren zu können, habe ich tagtäglich. Einen schlimmen Horrorfilm aus den Studios in Hollywood kann man einfach ausstellen. Meine Horrorparty hat keinen Schalter zum Abstellen, der Horror in meiner Substantia nigra, was so viel bedeutet wie schwarze Substanz im Gehirn geht unaufhaltsam weiter. Nur Menschen mit der gleichen oder ähnlichen Krankheit können sich in mich hineinversetzen. In meinem Umfeld wissen bis zum heutigen Tage nur eine Handvoll Leute über mein Schicksal Bescheid und wenn ich dann von denen zu hören bekomme, dass ich das Kind schon schaukeln werde oder du machst das schon, könnte ich verrückt werden. Die gesunden Mitmenschen haben gar keine Ahnung was ich hinter mir und auch noch vor mir habe. Nichts werde ich machen können und das zu schaukelnde Kind ist schon vor Jahren in den Brunnen gefallen. Krebs ist in der modernen Welt die schlimmste Krankheit. Doch oft hilft der Chirurg mit dem Skalpell und kann den Tumor für immer wegschneiden. Fast jeder Krebspatient, hat bei Früherkennung die Hoffnung und die Chance auf Heilung. Der Mensch mit meiner Krankheit hat diese Chance nicht und so darf sich auch keiner die Hoffnung auf Heilung oder zumindest auf das Stoppen des Krankheitsverlaufes machen. Die letzten Sätze sind so brutal ehrlich und spuken jeden Tag, jede Stunde und das von Jahr zu Jahr in meinem Kopf herum.

Es gibt genügend Beispiele wie die Krankheit mein Leben bei den einfachsten Dingen beeinträchtigt. Den

Schlüssel mit der linken Hand aus der linken Hosentasche meiner Jeanshose zu holen funktioniert nicht mehr richtig oder das Anziehen einer Jacke. Rechter Arm in den rechten Ärmel und der linke Arm findet den linken Jackenärmel nicht. Das Gelächter der beobachtenden Kollegen ist mir dann meistens gewiss. Bloß nichts mit der linken Hand halten wollen. Kann gut, aber mit Sicherheit kann es genauso gut schiefgehen. Oft fällt mir das Handy oder der Griff der flexiblen Hundeleine aus der Hand. Bei der Arbeit Flansche an produktführenden Leitungen lösen, mit Gewissheit fällt mindestens eine Mutter durch das Gitterrost von der 3. oder 4. Bühne in den Keller. Das Neuerlernte zu behalten wird nun auch immer häufiger zu meinem Problem. Mitarbeiter von anderen Gewerken, mit denen wir nicht täglich zusammenarbeiten entfällt mir oft die Erinnerung an deren Namen. Mir peinlich muss ich dann ein zweites Mal nach deren Namen fragen. Es ist, als wenn mein Hirn langsam von einem kleinen unsichtbaren Etwas aufgefressen wird. Dabei war ich mit meinem Wissen ein Allrounder. Meine Frau, liebend gerne Quizsendungen im Fernseher schauend und mein verstorbener Freund R haben immer gesagt, dass sie mich bei einer Quizshow an ihrer Seite dabeihaben wollten. In keinem Gebiet, außer beim Fußball bin ich ein wirklicher Spezialist, aber durch das Lesen vieler Bücher und mein Interesse an Geschichte und Politik war mein Wissensschatz überdurchschnittlich hoch. Nun merke ich an mich selbst, wie dieses Wissen stark beeinträchtigt wird. Bei Unterhaltungen oder in den von mir geführten Gesprächsrunden auf der Arbeit fehlen mir manchmal die einfachsten Worte, so dass ich meine gesprochenen Sätze nicht aussagekräftig beenden kann. Ist dies die Vorstufe einer Demenz? Ich hoffe nicht, das wäre der lebende Tod für mich. Neue Wege zu beschreiten war für mich immer eine Herausforderung. Vorne weglaufen, dafür war ich bekannt. Mr. Perfekt wurde ich auch schon genannt und nun versuche ich im Hintergrund der zweiten Reihe stehend fast versteckend die Zügel noch in der Hand haltend das Geschehen zu steuern. Auch körperlich merke ich, dass mein Limit mit der Zeit immer weiter nachlässt. Ich komme bei leichtem Gegenwind, früher bester Trainingspartner nur noch im Schneckentempo mit dem Fahrrad die 5 Kilometer bis zur Arbeit. Der Spaß an der Sache geht mir verloren.

Während ich die ganzen Zeilen für mich schreibe, hält der Corona-Virus die Welt in Atem. Jetzt sehen wir was passiert, wenn die Natur zurückschlägt. Der Mensch hat nicht nur seit dem Industriezeitalter die Umwelt brutal vergewaltigt, nein der Römer hat vor über 2000 Jahren aus dem Wald des europäischen Kontinents fast eine Wüste gemacht. In Chile hat der Indianer so weit in die Natur eingegriffen, abgeholzt und Flüsse ausgetrocknet, dass dort vorher bewaldete Flächen nur noch Steinwüsten sind. Der Colorado-River in den vereinigten Staaten wird durch den Hoover-Staudamm seines natürlichen Flussbettes beraubt, so dass in Mexico der Fluss den pazifischen Ozean nicht mehr findet. Wir schmelzen die Polkappen ab und sehen die verhungerten Eisbären in den Nachrichten. Damit wir morgens unsere Brötchen mit einer Nuss-Nougat-Creme beschmieren können, nehmen wir in Kauf, dass die Regenwälder in Indonesien großen Palmölplantagen weichen müssen. Bemitleidende Orang Utans deren Lebensraum wir vernichten sind uns egal. Die Brandrodungen im südamerikanischen Amazonasgebiet, die grüne Lunge der Erde, wir schauen weg und erfreuen uns Ethanol aus Zuckerrohr tanken zu können. Wo bleibt hier der wirkliche Umweltschutz? Doch der größte Eingriff, den der moderne Mensch in der Natur tätigt, ist die Massentierhaltung. Die unübersehbaren Größen der vielen Rinderherden auf diesem Planeten vernichten das ökologische Gleichgewicht auf dieser Erde. Ein Big Mac soll in der kompletten Herstellung mehr als 5000 Liter Wasser benötigen. Und wir unterhalten uns über dringend erforderliche Wasserersparnisse in den regenarmen Gebieten dieser Welt. Lieber einmal weniger zu einem amerikanischen Fastfood Restaurant im Jahr und ich habe mehr Wasser gespart als ich mit dem Autowaschen verbrauchen kann. Meine ehemalige Englischlehrerin hat mich auf den Dokumentarfilm Cow Spiracy aufmerksam gemacht und ich kann diese Dokumentation nur jeden Bürger dieses Planeten sehr empfehlen. Leider muss ich mir selbst eingestehen, dass ich auch viel zu viel Fleisch, meist Hähnchen konsumiere. Als Bodybuilder ist es Pflicht viel Hähnchenbrust zu essen, denn sonst baut man keine Muskelmasse auf. Doch meine Frau macht mich in der letzten Zeit immer mehr auf meinen Fleischverbrauch aufmerksam und so gibt es jetzt viel öfter als früher einen leckeren Eintopf. Trotzdem muss ich die Schuld auf mich nehmen zu der Umweltzerstörung durch die Massentierhaltung beizutragen. Ich schäme mich dafür und mein Gewissen beißt mich deshalb oft. Ich bin nun mal in der westlichen Welt des Überkonsums aufgewachsen und habe mir nie Gedanken über das Ökosystem gemacht. An Tagen, an denen ich früher bei einem großen Fastfood Restaurant angehalten habe, fahre ich heute immer öfter einfach weiter und esse zuhause etwas Anderes. Trotzdem bin auch ich jemand, der mit seinen Gewohnheiten die Umwelt mehr ausnutzt als sie geben kann. Ich versuche aber meine Lebensweise der natürlichen Nachhaltigkeit anzupassen. Ich hoffe das alle anderen Mitmenschen genauso denken und ihr Leben der Natur etwas mehr anpassen werden. Jetzt hat die Mutter Erde zurückgeschlagen. Wir haben es alle gewusst und niemanden hat es wirklich interessiert. Die Umwelt wurde von uns so geschändet und wir guckten weg, im Gegenteil, aus Profitgier machten wir ohne an die Verluste zu denken immer weiter. Der wirklich dumme amerikanische Präsident, meinte und veröffentlichte ein Statement, in dem er behauptete, dass die Umweltzerstörung nicht von Menschenhand praktiziert worden sei. Alle Versuche kleiner Staaten wie den Malediven rigoros Gegenmaßnahmen einzuleiten, wurden von den Industriemächten nur leise belächelt. Den Kohlendioxydausstoß zu reduzieren schlug auch fehl. Die reichen Staaten kauften den ärmeren Ländern einfach einen Teil ihres erlaubten Emissionsausstoßes ab. Das es so etwas überhaupt gegeben hat, sagte schon genügend über die wirkliche Bereitschaft der Industriestaaten aus. Auch das Kiotoabkommen von den Ländern ausgearbeitet wurde von dem Dummkopf, der sich mächtigste Person der Welt nennt, gekündigt. Es war zu spät und die Natur ließ den Virus auf die Menschheit los, um sich vor uns zu schützen. Alle Menschen die überleben, sollten diese Warnung als Neuanfang sehen, ihre Einstellung der Natur gegenüber bedenken und ihr Verhalten massiv ändern.

Jetzt hatte die Welt Angst gegen einen Gegner zu kämpfen den sie nicht kannte. Kein Panzer, kein Maschinengewehr, keine Bomben oder eine noch so große Armee schaffen es sich in diesem Krieg dem Corona-

Feind entgegenzustellen und zu besiegen. Der Feind ist unsichtbar und bis zum heutigen Tag unsterblich und unbesiegbar. Der Mensch denkt er wäre Gott, doch die einzig wahre göttliche Erscheinung ist die Natur und die schlägt jetzt gnadenlos zurück. Ich schreibe trotz der Angst, um mich und meiner Familie weiter in der Hoffnung vielleicht doch das Glück zu besitzen und von dem Virus verschont zu bleiben.

Zurzeit des COVID-19 Virus ist vieles anders. Noch nie in der modernen Welt standen wir vor einer ähnlichen Herausforderung. Das ist der Preis, den die Menschheit jetzt für die Globalisierung bezahlt. Aus China kommend überdeckte der Virus den kompletten Planeten. Die europäische Union mal wieder viel zu zögerlich und inkompetent war sich wie immer nicht einig, diskutierten hin und her und der Virus lachte, sagte danke und übernahm den Kontinent. Unsere Regierung und vor allem unsere seit Jahren unfähige an den Nägeln kauende Bundeskanzlerin war wie schon bei der Flüchtlingskrise 2015 völlig überfordert und ihrem Mandat als Kanzlerin allen Schaden an das deutsche Volk abzuwenden völlig überfordert. Anstatt wie viele andere Länder die Grenzen dicht zu machen, durften nach Deutschland jeder aus China kommend einreisen. Wir hätten uns ja auch wieder mit den vielen dummen Gutmenschen an den Flughäfen und Bahnhöfen stellen können. Nur statt Refugees Welcome hätte unsere dummen Mitmenschen die Transparente mit der Aufschrift Corona-Virus Welcome hochhalten sollen. Nichts anderes hat unsere Regierung getan. Sie hat dem tödlichen unsichtbaren Gegner noch die Tür geöffnet und uns Bürger einer tödlichen Gefahr ausgesetzt. Meine Meinung ist und war, dass unser blauer Planet durch den Menschen überbevölkert ist. Es gibt nicht genug natürliche Recourcen, um die stetig anwachsende Menschheit zu ernähren. Der Raubbau an die Natur muss ein Ende haben und wenn wir Menschen dazu nicht in der Lage sind, nimmt die Natur sich dem Problem selbst an und versucht uns mit dem Corona-Virus eine warnende Mitteilung zu senden. Ich bezweifle aber den Verstand der profitgierigen Menschen und es wird sich nichts ändern.

Ändern muss auch ich mich in diesen Tagen. Es ist ein Sonntagmorgen. Normalerweise, wenn ich nicht arbeiten bin, gehört der Sonntagmorgen das Gym. Noch bevor meine Frau aufsteht bin ich trainieren gegangen und zurück, wenn sie aufsteht. Doch schon seit Freitagabend diskutiere ich mit meiner Vernunft ob ich, um keine Muskelmasse zu verlieren das Risiko eingehen soll mich beim Training eventuell mit dem Virus zu infizieren. Der Verstand hat glaube ich gesiegt. Ich bin zuhause geblieben. Der Expander musste es in den nächsten Tagen ausrichten. Die Angst vor dem tödlichen

Virus und meiner Verantwortung meiner Familie gegenüber habe ich entschlossen nicht ins Fitnessstudio zu gehen. Trotzdem fällt mir der Entschluss nicht leicht und ich kämpfe mit mir selbst, stark zu bleiben und die Zeit abzuwarten. Warum bin ich nur so auf das Training fixiert, ja geradezu süchtig in meiner freien Zeit das Eisen zu stemmen, komme was wolle? Die Antwort findet sich in meiner frühen Jugend und hat sich in meinem Hirn festgesetzt. In meinen Kindesjahren war ich vom Körper wie alle anderen Kinder auch normal gewachsen. Bilder aus dieser Zeit bestätigen dies. Bis ich 12 Jahre alt geworden bin. Während die anderen Jungs und Mädchen in die Pubertät kamen, stellte sich bei mir eine Wachstumsstörung ein. Im Nachhinein muss ich gestehen, dass diese Jahre für mich und meinem Ego sehr unschön verlaufen sind. Ich war schon von Kindesbeinen an ein sportbegeisterter Junge. Der Beste zu sein war mir immer wichtig. Egal bei welcher Sportart, ich musste die anderen Jungen und Mädchen besiegen. Mein Kopf ließ Niederlagen nicht zu. In der Grundschule, beim Sportfest war unter anderem der 50 Meter Sprint eine zu absolvierende Laufstrecke. Ich schlug sie alle, war der schnellste Junge aus meiner Klasse. Nun sollte ich die kurze Sprintstrecke noch gegen das schnellste Mädchen ablaufen. Und was geschah? Daniela war ihr Name gewann. Sie war 20 Zentimeter vor mir über die Ziellinie getreten. Ich tat mich schwer die Niederlage zu verarbeiten und Jahre später, bei einem zufälligen Treffen, servierte sie mir mein Verhalten noch einmal frisch auf den Tisch. Mit Niederlagen umzugehen war keine Stärke von mir und es gab viele davon die mich in der Jugend überrollten. Ab dem 12 Lebensjahr konnte ich nicht mehr mit den gleichaltrigen Jungs mithalten. Meine körperliche Entwicklung blieb zurück. Beim Sport, wie zum Beispiel den 100 Meter-Sprint schlugen mich Jungen, die ich vorher noch deklassiert hatte. Auch bei meinem Fußballverein, dem SC Hassel konnte ich die körperlichen Defizite durch meine Technik nicht mehr ausgleichen. Mit 14 Jahren wechselte ich chancenlos in Hassel deshalb zur SSV nach Buer. Dort rechnete ich mir bessere Chancen aus zu spielen und mich durchzusetzen als bei dem vom Kader besser besetzten SC Hassel. Mein Dilemma nahm aber auch in Buer seinen weiteren Verlauf. Die Mannschaften werden dort in den Sommerferien mit den Jugendlichen bestückt. Mein Kumpel Thommy und ich, frisch aus Hassel gekommen und bei den Trainern eher unbekannt als bekannt mussten zum ersten Training vorspielen. Thommy schaffte es in die erste Mannschaft der B-Jugend. Ich hatte das Pech mit meinen Eltern zu dieser Zeit einen dreiwöchigen Urlaub in Cala Ratjada auf Mallorca verbringen dürfen. Das Vorspielen also verpasst. Zwei Wochen später, der Kader der

B-1 Jugend stand fest, lief ich zu meinem ersten Training auf der Löchterheide auf. Zu meiner Enttäuschung steckten mich die verantwortlichen Trainer in die unterklassige Mannschaft der B-2 Jugend. Ich nahm die Ernüchterung bitter an und spielte fortan für die 2. Mannschaft in Buer. Da Fußball meine Leidenschaft war und der Ball immer rund ist, jede Mannschaft mit Elf gegen Elf beginnt und auch hier das Runde ins Eckige musste, spielte ich mit Spaß beim Training. Schnell übernahm ich dort auf dem Platz in unserer Mannschaft das Kommando und drückte dem Trainer meine Wünsche und meinen Mitspielern meinen Stempel auf. Ich war zwar körperlich vielen gegnerischen Jungen unterlegen, doch meine Tore schoss ich trotzdem. Dann war es soweit, unser erstes Spiel stand an, der Gegner VFL Resse 08. Viele von den dort kickenden Jungs kannte ich noch aus der Grundschule in Resse und die leider auch mich. Donnerstagabend nach dem Training gab der Trainer mir zu verstehen, dass mein Spielerpass aus Hassel noch nicht angekommen sei. Ich dürfe nicht spielen. Es sei denn, ich spielte mit dem Pass eines anderen Spielers. Da ich unbedingt Fußball spielen wollte, sagte ich zu. Am Sonntagmorgen sagte der Trainer mir den Namen und das Geburtsdatum des Spielers auf dessen Spielgenehmigung ich auflaufen sollte. Ich wiederholte die Angaben und zog das Trikot und die Fuß-

ballschuhe an. Der Gedanke an den falschen Spielerpass und dessen Besitzer waren weggeblasen. Thommy
eigentlich für die B-1 Jugend spielend, sollte sein Debüt
in Buer aber mit mir gegen Resse geben. So standen die
beiden Mannschaften sich bei der Begrüßung gegenüber und ich wurde von vielen Spielern aus Resse erkannt und herzlich begrüßt. Mein früherer Schulkame-
rad Frank, der mich damals nach Resse in den Verein
mitnehmen wollte war auch dabei. Schnell lagen wir
mit 0:2 hinten, unsere Mannschaft war nicht gut und
ich verfluchte die Unfähigkeit einiger Mitspieler. Aber
es sollte in diesem Spiel besser werden. Ohne mich zu
viel zu loben, spielten Thommy und ich im Angriff groß
auf. Wir beide, Kassenkameraden, Freunde und Mann-
schaftsspieler in Hassel kannten uns blindlings und
kombinierten durch die Resser Abwehr wie wir wollten.
Zwei Vorlagen und 2 Tore standen am Ende auf meiner
Habenseite und wir gewannen noch mit 4:2. Das Ende
wäre so schön gewesen, wenn mich mein Ego einfach
zufriedengelassen hätte. Nach einem Foul an mich, wir
führten kurz vor Schluss mit 2 Toren Unterschied, der
Schiedsrichter diese Unsportlichkeit übersah und ich
meckernd auf ihn einzuwirken versuchte, geschah etwas, was ich in meinem kleinen Hirn nicht vorausgese-
hen hatte. Dem Trainer am Spielfeldrand muss wohl
das Herz in der Brust stehen geblieben sein. Ich bekam
die gelbe Karte. Eine gelbe Karte zu bekommen ist ja

normalerweise nicht so schlimm, wenn man dann aber von dem Unparteiischen nach seinen Namen gefragt wird und spielt auf einen anderen Spielerpass ist dies auch noch nicht so schlimm. Ist der gelbverwarnte Junge aber so dumm wie ich und hat sich den Namen nicht gemerkt, beginnt das Dilemma. Noch heute werde ich den Namen nicht vergessen Frank... hieß der Spieler mit dessen Spielgenehmigung ich aufgelaufen bin, nur damals fiel mir der Name nicht mehr ein. Der Schiedsrichter wartete, geholfen von den Mitspielern hat mir auch niemand, es ging wohl nicht. Ich stotterte herum und sagte einfach irgendeinen Namen. Mein Pech, dieser Name fehlte natürlich auf dem Spielbogen. Nicht nur die erspielten Punkte waren weg, auch stand mir eine längere Sperre deshalb bevor. Da aber im Spielbericht mein richtiger Name fehlte, wurde unglücklicherweise ein anderer Spieler für mein Fehlverhalten gesperrt und so lief ich bei einem anderen Gegner und Schiedsrichter am nächsten Sonntag wieder als Angriffsspitze mit meiner Mannschaft auf. Wir verloren die nächsten Spiele alle, einmal schafften wir ein 3:3 ich glaube es war gegen Horst, bin mir aber nicht mehr sicher, ich weiß nur noch, dass alle drei Tore ich geschossen habe. In die B-1 Jugend wurde ich trotzdem nicht befördert und so machte ich mir für die nächste Saison die Hoffnung für die bessere und höherklassige Mannschaft spielen zu dürfen. Jetzt kam aber der Moment, als mich die fehlende Pubertät und der körperliche Nachteil einholte. Ich war mittlerweile 15 Jahre alt, wog 42 Kilogramm, 159 Zentimeter klein und unterentwickelt. Jeden Dienstag und Donnerstag fuhr ich mit meiner Mofa Flory 3 Gang der Marke Kreidler von Hassel nach Buer zum Training. Sonntags dann gegen 9 Uhr morgens noch zum Spiel bis der Trainer eine Entscheidung ausrief, die mich bis ins Knochenmark erschütterte und in Panik ausbrechen ließ. Die Entscheidung, die ich danach für mich traf, kostete mich meine Leidenschaft und auch das Leistungsniveau beim Fußball. Nie wieder konnte ich an die Leistung anknöpfen, die ich in den Knaben und Jugendmannschaften beim SC Hassel und bei der SSV Buer erreicht hatte. Mit 23 Jahren fing ich dann wieder in Marl in der Hobbyliga und später bei der Spielvereinigung Marl mit dem Fußballspielen an, doch reichte es bei meiner Leistung nur noch für die unteren Kreisligen. Dafür, dass ich mich damals falsch entschieden habe hasste ich mich später selbst. Mein unterentwickelter Körper gab den Ausschlag nicht weiter zu kicken. Die Entscheidung des Trainers war die Ankündigung, dass alle Spieler nach dem Training und nach den Spielen zu duschen haben. Um meinen Mitspielern und Bekannten, die in der körperlichen Reife viel fortgeschrittener waren als ich aus dem Weg zu gehen, mich nicht dem Gespött und dem

Auslachen hinzugeben, durfte ich nicht mit denen duschen gehen. Voller Panik packte ich nach dem Training
schnell meine Sachen zusammen und fuhr bevor der
Trainer die Kabine betrat nach Hause. In den zwei oder
drei Spielen nach seiner Ankündigung alle gemeinsam
zum Duschen zu schicken, ließ ich mich zehn Minuten
vor Abpfiff auswechseln. So hatte ich die Dusche für
mich allein und war frisch geduscht als die Mitspieler
nach Spielende in den Kabinentrakt eintraten. Diese
Idee funktionierte wunderbar, aber nur 2 Wochen danach gingen mir die Begründungen und die Ausreden
aus. So kam es wie es kommen musste und ich kehrte
der Scham wegen dem aktiven Fußball den Rücken und
meldete mich wütend über mich selbst und meinem
schwachentwickelten Körper bei der SSV Buer aus dem
Spielbetrieb ab. Dieser Stachel meiner schwachen körperlichen Intuition steckt noch heute tief in mir und beeinflusst mich bei meinen Entscheidungen das Training
tagtäglich in meiner arbeitsfreien Zeit durchzuführen.
Alles andere wird von mir hintenangestellt. Essen und
trainieren bestimmen in erster Priorität mein Leben.
Ich danke übrigens meiner Frau dafür, dass sie so viel
Verständnis aufgebracht hat und das Spiel mitgespielt
hat. Meine Essgewohnheiten habe ich mit dem Beginn
den Bodybuildingsport zu betreiben auch geändert. Als
Kind und Jugendlicher habe ich das Stück Fleisch oft zugunsten eines zweiten Nachtischs liegen gelassen.

Heute unvorstellbar, doch damals achteten meine Eltern nicht so auf meine Essgewohnheiten wie sie vielleicht sollten. Ein Stück Fleisch mehr hätte mir sicher besser getan, als der verfluchte zweite Pudding. Ich begann mich immer mehr zurückzuziehen. Ich hatte Angst aufzufliegen. Es begann die Zeit als die Mädchen interessant wurden und alle meine Freunde flirteten mit dem anderen Geschlecht. Ich wollte dies auch, doch der fehlende Mut und die Angst vor der Blamage meines Körpers wegen, ließen mich zu dieser Zeit Abstand von meinen gleichaltrigen Bekannten nehmen. All diese Dinge sind immer noch fest in meinem Kopf verankert und deshalb möchte ich nie wieder dünn und unterentwickelt sein. Es ist mein Bestreben bis zu meinem Tod in meiner Altersklasse besser auszusehen als der Großteil meines Umfelds.

Im letzten Schuljahr dann, besuchte mich die Pubertät. Irgendwann klopfte sie an meine Tür und war da. Sie sah mich an, erkannte den verzweifelten kleinen untergewichtigen Jungen und entschied ihm zu helfen. Ich wuchs in dem nächsten halben Jahr rasant an und erreichte zum Schulabschluss eine Größe von 176 Zentimeter und ein Gewicht von 48 Kilogramm. Jetzt war ich größer geworden, doch immer noch deutlich untergewichtet. Ein Strich in der Landschaft. So fuhr ich dann auf meinem Leichtkraftrad der Marke Honda die 12 Kilometer nach Marl und musste dort bei einem großen

Chemieunternehmen die ärztliche Einstellungsuntersuchung über mich ergehen lassen. Da ich deren Einstellungstest sehr gut beantwortet haben muss, nahmen die mich trotz meiner körperlichen Unreife und stellten mich als Auszubildender in dem Berufsfeld eines Chemiefacharbeiters ein. Später wurde der Name Chemiefacharbeiter in den Namen Chemikant geändert. Im ersten Lehrjahr ging ich auch dort nicht duschen, erst mit Beginn des zweiten Jahres traute ich mich in der Kaue die Kleidung abzulegen und mich wie die anderen Männer den Schweiß und Dreck der Arbeit abzuwaschen. Die Lehre machte mir Spaß, ich entwickelte mich und fand wieder zu meinen Freunden zurück. Nach der guten Abschlussprüfung fing ich in den von mir gewünschten Betrieb des Unternehmens an. Ich sollte für die nächsten siebzehn Jahre Schwefelsäure produzieren. Doch eines blieb noch aus. Die medizinische Vorsorgeuntersuchung. Ich also zum werksärztlichen Dienst und wurde auf dem Kopf gestellt. 180 Zentimeter groß und 54 Kilogramm leicht. Zu leicht für mein Alter und meiner Größe war das Statement des untersuchenden Arztes. Diese Aussage hätte er nicht aussprechen brauchen, ich wusste es doch schon mein halbes Leben selbst. Da ich ja jetzt auf Wechselschicht arbeiten würde, dadurch unterschiedliche Esszeiten hätte und öfter als Normal Nahrung zu mir nehmen würde, werde ich sicherlich die 60 Kilogramm erreichen gab mir der Werksarzt noch mit auf dem Weg. 2 Jahre danach wog ich 62 Kilogramm und startete die Passion meines Lebens. Ich wünschte, ich wäre ein Bodybuilder, tat den ersten Schritt und meldete mich mit der Überredungskunst meines älteren Arbeitskollegen Ralf in Marl im Fitnessstudio an. Neun Jahre später konnte ich stolz meinen 90 Kilogramm mit Muskeln ausstaffierten Körper aller Welt zeigen. Ich war nicht mehr der dünne unterentwickelte kleine Kerl. Ich hatte es durch hartes zeitintensives Training, der richtigen Ernährung und meines Willens geschafft, dass Andere anerkennend auf meine Schulter klopften. Ich verstehe den besten Bodybuilder aller Zeiten ganz genau. Ronnie Coleman war besser als all seine Konkurrenten, das Bodybuilding gab ihn alles, kostete ihn aber seine Gesundheit. Trainieren geht er trotz all seiner Handicaps, er kann auch nicht anders. Egal in welcher Liga wir unseren Sport betreiben, die Sucht nach Erfolg lässt uns immer weiter trainieren, nur um nicht Muskeln zu verlieren und wieder normalsterblich auszusehen.

Was hat der Bodybuildingsport mir gebracht? Natürlich habe ich mit meiner Gesundheit schwer für die kleinen Erfolge bezahlen müssen, doch ich habe auch viel durch den Sport bekommen. Der liebe Gott hat mir nicht viel geholfen, also packte ich die Dinge selbst an und meißelte an mir herum. Mein Selbstbewusstsein stieg stetig an, ich fühlte mich als Mann. Begehrenswert für das weibliche Geschlecht und viele Männer meiner Generation schauten zu mir auf und beneideten mich. Doch der größte Erfolg gelang mir, dort meine Frau kennengelernt zu haben. Ohne das Bodybuilding wäre ich sicher Luft für sie gewesen. Sie ist heute über zwanzig Jahre danach noch eine attraktive Frau, doch damals war sie eine unbeschreiblich hübsche begehrenswerte Frau. Es schien mir so, als wenn die ganze Männerwelt ihr den Hof machen wollte und sie sich den Besten auswählen durfte. Schlange stehen war angesagt, wenn sie irgendwo aufgelaufen ist. Ohne wirkliche Hoffnung je eine Chance zu bekommen sie intensiver kennenzulernen ließ ich die Sache lockerer angehen. Ich versuchte zwar zu flirten, fühlte mich aber nicht wirklich von ihr beachtet. Irgendwie und irgendwann hat es dann doch geklappt. Ich glaube das Training im Studio hat seinen Anteil daran. Dort liefen wir uns öfter über den Weg und unterhielten uns flirtend miteinander. Ohne das Gym wäre ich um die Möglichkeit beraubt gewesen überhaupt allein mit ihr reden zu können. Das Ende ist bekannt, noch heute trotzen wir alle Höhen und Tiefen. Die Silberhochzeit in Gedanken vor uns leben wir als verheiratetes Paar noch immer gerne zusammen. Und es war zumindest am Anfang unserer Ehe eine harte Bewährungsprobe. Des Tochters Herkules war ich schon lange nicht mehr und der leibliche Vater erst recht nicht. Die Kleine und ich stritten oft sehr heftig und von beiden Seiten unnachgiebig miteinander. Es fiel ihr als pubertierende Jugendliche sicher schwer zu glauben, dass ich immer nur das Gute für sie wollte, doch Schulaufgaben mussten sein, genauso wie das Üben vor Klassenarbeiten oder das Rauchverbot eines dreizehnjährigen Mädchens. Es gab viele Situationen, an denen ich die Decke hochging, doch die Zeit heilt alle Wunden und in den Jahren nach ihrem Auszug verstehen wir uns als Erwachsene auf Augenhöhe. Und das nicht nur wegen ihrer Größe von 178 Zentmeter. Mittlerweile ist sie selbst in den 30igern, verheiratet und beruflich orientiert. Wir warten jetzt eigentlich auf das erste Enkelkind und hoffen das dies bald geschehen wird. Unfassbar aber bleibt für mich immer wieder, wie sehr sich unser Akita Samu über ihren Besuch freut. Er ist nicht mehr aufzuhalten, lässt sie nicht aus den Augen und sucht ihre Nähe. Nur den Namen unserer Tochter zu sagen und schon spitzt er aufmerksam die Ohren und wird unruhig. Er scheint sie sehr zu lieben. Mir selbst fiel es immer schwer meine Gefühle gegenüber meinen Mitmenschen auszudrücken. Jetzt durch die Krankheit und der verlierenden Mimik fällt es mir noch schwerer mich und meine Gefühle anderen mitzuteilen. Auch wenn ich glücklich und zufrieden bin, kommen meine Gefühle nicht zu der mir gegenüberstehenden Person richtig rüber. Oft, vor allem zuhause komme ich in letzter Zeit deshalb oft in Erklärungsnot.

Im Studio, bei der Arbeit oder beim Spazierengehen in der Nachbarschaft werde ich beobachtet und oft auf meinen unnatürlich wirkenden Gang befragt. Die Ausrede mit meinen lädierten Rücken hält noch stand, doch das Zittern kann ich schon längst nicht mehr verheimlichen und mir graut es vor die Zeit mich meinem Umfeld offenbaren zu müssen. Immer mehr befasse ich mich mit unserem Rentensystem. Ich beschäftige mich und sammle Informationen über eine Erwerbsminderungsrente ein. Doch ich habe durch meinen bisher guten Verdienst auch einen zu finanzierenden Lebensstandard erreicht, den es dann extrem zurückzuschrauben gilt. Das zweite Problem, dass ich sehe, ist der Vertrauensarzt des Rentenversicherungsträgers. Das ich an einer unheilbaren immer weiter fortlaufenden Krankheit leide ist unumstritten und vielen meiner Leidensgenossen sind 4 Jahre nach der Diagnose die Erwerbsminderungsrente schon zugesprochen worden. Doch ich befürchte, wenn ich zur Untersuchung vor dem Arzt mein Oberkörper freimachen muss, erkennt dieser nur noch einen durchtrainierten Mann vor sich stehen. Ich kann das Training im Gym mit ausgezogenem Oberteil nicht verbergen und jeder der mich sieht, denkt ich wäre fit und in top Form.

Das ich mich nur noch ins Studio quäle, 10 Kilogramm Muskelmasse verloren habe, interessiert und erkennt auch kein Arzt. Bei meinen Gesprächen mit den bisher kontaktierten Medizinern, werde ich bei meinen Berichten, nur noch die Hälfte an Gewicht wie vor dem Krankheitsverlauf bewegen zu können, einfach nur belächelt. Dabei geht es gar nicht darum wieviel Gewicht ich nicht mehr stemmen kann, sondern der drastische sich immer mehr verlierende Kraftverlust. Die Ärzte beurteilen oft auch nur von der Optik beeinflusst meinen Gesundheitszustand. Bei meinem letzten Check Up in den Räumlichkeiten meines Hausarztes trampelte ich beim Belastungs-EKG bis 220 Watt. Früher gar kein Problem, jetzt meine Leistungsgrenze. Mein Arzt hat mir später gebeichtet, dass er verwundert über meine erbrachte Leistung sei, denn mit meiner Krankheit ist diese Wattzahl eigentlich nicht mehr zu schaffen. Mein Sport hilft mir dabei, mein Leben noch etwas besser zu bewerkstelligen als andere Menschen mit der gleichen Diagnose. Trotzdem baue ich prozentual genauso ab wie die kranken Nichtsportler. In meiner 3. Kur wurde ich von meiner zuständigen Ärztin darauf aufmerksam gemacht, dass ich mindesten ein halbes Jahr arbeitsunfähig geschrieben sein, arbeitsunfähig zur Reha kommen und als nicht gesund aus der Kur entlassen werden muss. Dann erst hätte mein Antrag auf die Erwerbsunfähigkeitsrente eine Chance auf Bewilligung. Jetzt werde ich noch bestraft, weil ich niemanden zur Last fallen und mein eigenes Geld so lange wie es mir möglich ist verdienen zu wollen. Meine Frau schimpft oft mit mir, da ich mich oft erschöpft zur Arbeit begebe und nach der Nachtschicht nicht mehr schlafen kann. Natürlich bin ich lieber zuhause als auf der Arbeit. Doch ich bin bis zu heutigem Zeitpunkt gerne zur Arbeit gegangen. Ich identifizierte mich mit meinem Job, mit meinem Unternehmen und mit meinen Arbeitskollegen und deshalb fällt mir die Entscheidung dem Arbeitsleben dem Rücken zu kehren so schwer. Mir ist aber auch bewusst, dass ich nicht mehr viele Jahre so weitermachen kann. Also steht in der nächsten Zeit ein von mir gefälltes Ergebnis und Ankündigung bevor. Vielleicht schaffe ich es noch im nächsten Jahr eine weitere Kur genehmigt zu bekommen und dort möchte ich dann im Gespräch mit den Fachabteilungen über meine Situation sprechen wollen.

Meine Einstellung als Sohn eines Kleinfirmeninhabers ist die, dass der Angestellte zuhause bleibt, wenn er krank ist. Aber sich beim Arzt krankschreiben zu lassen und dann gesund seinen Hobbies nachgehen, ist für mich nicht zu verstehen und ein absolutes Tabu. Genau das ist der Grund meiner wenigen Ausfalltage in meinem Arbeitsleben. Wer arbeitsunfähig geschrieben ist, kann auch nicht ins Gym zum Training und wer arbeiten geht, darf auch Gewichte stemmen. Es wird ein schwieriges Unterfangen für mich den Weg in die Erwerbsminderungsrente zu gehen. Mein Training im Studio möchte ich nicht noch weiter vernachlässigen und erst gar nicht noch mehr reduzieren. Ich hoffe dies alles zu meiner Befriedigung unter einen Hut zu bekommen.

Nie hätte ich als junger Mann gedacht, dass ich mal dieses Schicksal mit vielen anderen Menschen teilen muss. Mir standen doch alle Türen der Welt weit offen und die Pforten, die geschlossen waren, versuchte ich mit meinem Arrangement, mit meinem Ehrgeiz und mit meiner Motivation zu öffnen. Ohne einen prominenten Bonus, noch ohne wirklichen Reichtum zu besitzen oder dem Adel anzugehören, kann ich behaupten, wo ich gewesen bin, war vorne. Ich glaube Julius Cäsar, sagte: Ich kam, ich sah und ich siegte. Mit dieser Einstellung versuchte ich immer durch mein Leben zu gehen. Egal was ich angefasst habe, ich wollte es immer perfekt machen. Viele Fehler habe ich natürlich in meinem Leben gemacht, doch diese Fehler haben mich nicht gebrochen und teilweise stärker gemacht. Nicht alles richtig zu machen, sind Erfahrungen, die wir sammeln, um es beim nächsten Mal besser praktizieren zu können. Schon als Kind wurde ich von meinen spielenden Kameraden als Anführer akzeptiert. Von ganz allein kamen die Jungs auf mich zu und fragten wie und wo wir unsere Buden bauen sollten. Später in der Schule hatte ich auch das Amt des Klassensprechers von den Mitschülern zugesprochen bekommen. Bei der Klassenmannschaft im Fußball hatte ich das führende Wort, ich war Torwart, Trainer und Manager in einer Person. Stellte die Mannschaft auf, trainierte und erklärte meinen Mitspielern ihre zu spielende Position und terminierte die Klassenspiele gegen die Konkurrenten. Ich konnte und wollte von Geburt an führen und auch im Erwachsenenalter zog sich diese mir angeborene Begabung durch mein Leben. In Arosa in den Schweizer Alpen hatten wir einen super schönen Skiurlaub. Schon die Anfahrt von Chur den Berg hinauf war ein aufregendes Erlebnis. Wir hatten mal wieder einen exklusiven Cluburlaub gebucht und freuten uns riesig auf das Skigebiet. Die ganze Woche hatten wir Kaiserwetter. Die Sonne strahlte vom blauen Himmel und reflektierte sich im glitzernden Weiß des Neuschnees. Der Anblick ließ unsere Herzen höherschlagen. Als Bewohner des nördlichen Ruhrgebiets sind wir solche Naturschauspiele nicht gewohnt und erfreuen uns jedes Mal über das Privileg die Natur noch so erleben zu dürfen. In den Clubs des Reiseveranstalters werden die Flachlandtiroler in von Skiguides geführten Gruppen eingeteilt. Je nach Fortschritt und Können auf den Brettern finden sich so die Teilnehmer in einer lustigen Truppe wieder. Da der Club etwas teurer ist, waren die meisten der anwesenden Gäste alle in gehobenen Berufsfelder beheimatet. So stand ich am ersten Tag mit meiner Frau auf der Piste, die Sonnenbrille auf der Nase und genossen die Berge um uns herum. Die Luft, die wir einatmeten, war kühl und frisch, ganz anders als bei uns im Herzen Deutschlands, wo die Atmosphäre jahrzehntelang von Hochöfen und den Kokereien geschwängert wurde. Wir in einer Reihe mit 8 weiteren skifahrenden Gästen stellten uns vor. Ich hörte nur Ingenieur, Doktor der Naturwissenschaften, Selbstständiger Importeur mit Sitz im Hamburger Hafen usw. Der einzige Malocher, also Arbeiter bin ich gewesen. Vom ersten Tag an blieb die Gemeinschaft aus zufällig zusammengewürfelten Urlaubern auf der Piste auch nach dem Guiding zusammen. Als der Guide seine Arbeitszeit beendete, fuhren wir weiter die Abhänge des Skigebietes herunter. Nur das irgendjemand das Kommando übernehmen musste. Ohne die anderen Mitfahrer zu kennen, stimmten sie gemeinsam einstimmig ab, dass ich sie in der folgenden Woche außerhalb der geführten Zeit anführen sollte. Ich weiß nicht warum, aber diese Erfahrungen begleiten mich mein ganzes Leben.

Als ich die Ausbildung als kleiner untergewichtige Junge antrat, stand für mich sofort fest, ich bilde mich nach der Lehre weiter und dieses verkündigte ich auch selbstbewusst an jeden Mitarbeiter, der mich danach fragte. Im letzten Lehrjahr war die erste meiner drei Stationen im Chemiepark Marl die Schwefelsäurefabrik. Der Betrieb gefiel mir auf Anhieb und bereits 2 Wochen später klopfte ich bei dem damaligen Betriebsleiter an die Tür. Forsch und motiviert erklärte ich ihm, warum gerade ich der Mitarbeiter sei, den er unbedingt brauchen würde. Er, eher unbeeindruckt von dem kleinen Bürschchen der vor ihm stand, lächelte sich ins Fäustchen und zeigte sich interessiert. Ich wusste das ein Mitarbeiter den Betrieb ein halbes Jahr später verlassen würde und diese Stelle wollte ich mir unter den Nagel reißen. Dabei erklärte ich meinen zukünftigen Boss noch mein weiteres Vorhaben, nämlich so schnell wie möglich als Schichtmeister eine Wechselschichtgruppe führen zu dürfen. Ob er seinen Ohren traute oder nicht, auf alle Fälle war er von den 18-jährigen dünnen Jungen begeistert und ich fing 6 Monate später trotz dem Abwerben anderer Betriebe in der Schwefelsäurefabrik an. Jetzt war es in den Achtzigern dort so. Für die freien Plätze in den bevorstehenden Meisterkursen wurden nur die besten Bewerber angenommen und wie stellt ein Unternehmen fest wer die Besten sind? Der Aufnahmetest war das, was wir als zukünftige Meister überstehen mussten. Einige Wochen später bekam ich meine Absage. Ich erfuhr nach meiner Enttäuschung, nicht das Ergebnis des Testes, sondern mein jugendliches Alter von 19 Jahren gaben den

Ausschlag für meine Absage. Mir lief die Zeit davon. Ein Jahr später die zweite Chance den Meisterkurs Fachrichtung Chemie der Industrie und Handelskammer zu besuchen. Der Test beinhaltete nur Rechenaufgaben. 4 Teile die jeweils in 30 Minuten gelöst werden sollten. 2 Stunden insgesamt noch einmal konzentrieren. Der Taschenrechner durfte nicht benutzt werden, alle Zahlen mussten im Kopf addiert, subtrahiert, dividiert und multipliziert werden. Als einer der Schnellsten und auch einer der Besten von den über 400 Kandidaten bekam ich mit Anfang 20 einen der begehrten 30 Plätze, um meinen Meister machen zu können. Die Schichtgruppe war damals durch insgesamt 6 Mitarbeitern vertreten. Alle zwischen 60 und 50 Jahre alt. Nur einer mit seinen 40 Lenzen war jünger und ich übernahm mit 22 Jahren den Posten des stellvertretenden Meisters auf meiner Gruppe. Also schon in so jungen Jahren mit der Unterstützung meines Meisters in einer führenden Rolle. Der 22-jährige kleine Kerl wurde der Boss der alten Hasen. Mit einer kleinen Verzögerung nach der bestandenen Meisterprüfung bekam ich meine Anstellung als Industriemeister mit 27 Jahren. Mittlerweile wurden die Schwefelsäurefabrik und die MAC-Anlage zusammengelegt und ich führte eine Schicht mit 12 Personen. Mir liegt und lag es immer zu führen und zu versuchen vorne weg zu gehen.

Viele Freunde und Bekannte beneideten mich wie ich meine selbstgesteckten Ziele mit Fleiß, Ehrgeiz und unbedingten Willen erreicht habe. Ich habe in meinem Industrieunternehmen eine mittlere Führungsebene erreicht und bekomme seitdem ein gutes Tarifentgeld. Ich bin zwar nicht reich, hungere aber auch nicht. Für einen Angestellten ohne Studium bin ich mit meinem Einkommen zufrieden. Auf jeden Fall hat sich die Motivation und die von mir erbrachte Bereitschaft mein Leistungsvermögen voll auszuschöpfen bei meinem Arbeitgeber für mich bezahlt gemacht. Genauso hartnäckig bin ich beim Kennenlernen mit meiner Frau gewesen und auch hier bin ich mit einer Ehe zwischen uns belohnt worden. Schon als Jugendlicher träumte ich ein kleines Einfamilienhaus mit Terrasse und Garten meines nennen zu dürfen. Auch dieses Anstreben gelang mir schon mit 29 Jahren. Mir wurde nichts in meinem Leben geschenkt, alles was ich besitze, habe ich mir mit meinen eigenen Händen erarbeitet und verdient. Keine Erbschaft wovon ich schöpfen konnte, auch keine Zuwendungen aus der Familie. Ich hatte das Glück zur richtigen Zeit, am richtigen Ort zu sein. Ich genoss mein kleines Leben als Mittelständler in Deutschland. Wir gönnten uns 3 Urlaube im Jahr. Dabei sah ich die Welt. Wir besuchten die Kontinente und die drei Ozeane. Tauchten in der Karibik, auf den Seychellen, im roten

Meer oder auf den Malediven. Bildeten uns bei Städte-
reisen in New York, Rom oder Jerusalem. Wir lagen unter Palmen im Schatten weißer Strände und ergötzten
uns dem türkisfarbenen Wasser mit seinem Meeres-
rauschen. Wir erkundeten die Alpenländer auf Skiern
und rasten die Pisten herunter. Besuchten die Aprski-
partys genauso wie das Springbreak in Florida. Auch zuhause hatten wir das Privileg unser Leben genießen zu
können. Die Wochenenden gehörten lange Zeiten uns.
Wir gingen durch die Clubs des Ruhrgebietes und feierten. Schöne und gute Autos der Marken BMW, Merce-
des und Audi schmückten unsere Garage. Meine Gedanken zu dieser Zeit waren fernab, dass dieses Leben
nicht ewig so glücklich verlaufen könnte. Mit harter Arbeit konnte ich meine bisher gesteckten Ziele immer
erreichen. Im Gym trainierte ich auch hart, erreichte
dort aber nie meine Wünsche. Egal wie ich es anstellte,
mein Body war einfach nicht für die eines guten Bodybuilders ausgelegt. Der Spitzenbodybuilder und jetzige
Profi Dennis und ich trainierten eine kurze Zeit miteinander. Ich hoffe er hat mich nach über zwanzig Jahren
nicht vergessen und erinnert sich noch an mich. Er ging
auseinander, baute immer mehr Muskelmasse auf und
ich blieb wie ich bin und das bei gleichen Trainingseinheiten. Ich war deshalb nie zufrieden mit dem Erreichten und von mir selbst ein wenig enttäuscht. Für mich
ist es noch heute wichtig Muskelmasse vorzeigen zu

können. Leider bin ich vom Leben nicht belohnt worden, denn heute in den Fünfzigern habe ich weiter Muskelvolumen verloren und sehe im Sweatshirt nur noch ganz normal aus. Trotzdem ist meine Unzufriedenheit meckern auf hohem Niveau, denn es gibt viele Menschen, denen es wirklich schlecht geht und dieser Gruppe von Leuten gehöre ich jetzt an. Das Leben, die Natur und das ganze Universum liegen im Gleichgewicht. So auch das Glück mit dem Pech. Wo die Sonne scheint, gibt es auch Schatten. Die schönste Blüten- und Pflanzenwelt existiert nur, wenn es genügend regnet. In meinem Leben schien lange die Sonne, doch jetzt stehe ich im Regen und diese fallenden Wassertropfen werden nicht mehr aufhören mich zu durchnässen. Im Gegenteil, der anfangs noch harmlose Nieselregen wird sich immer weiter bis zu einem Orkansturm durch mein Leben ziehen. Lange konnte ich mich vom Glück ernähren, doch nun ist die Schublade des Glückes leer und ich muss mit der anderen Schublade des Pechs vorliebnehmen. Ich kämpfe und hoffe, doch hochgesteckte Ziele habe ich nicht mehr. Immer öfter merke ich die aufkommende Resignation gegen den Kampf dessen Verlierer schon jetzt feststeht. Die Angst der Ungewissheit frisst mich an manchen Tagen auf. Nie werde ich den Anblick vergessen, als Mohamed Ali 1996 in Atlanta die Fackel mit dem olympischen Feuer vor 60000 Zuschauern im Stadion und vor einem Milliardenpublikum vor den Fernsehern dieser Welt überreichte. Er, der beste Boxer aller Zeiten, das Idol von Kindern und Männern, das Vorbild eines jeden Boxers zitterte schwer gezeichnet, der Kontrolle seines Körpers fast vollständig beraubt die Stufen entlang und war sicher froh diese Vorführung irgendwie hinter sich gebracht zu haben. Mir droht das gleiche Schicksal, es sei denn die Forschung schafft es doch noch ein Medikament auf den Markt zu bringen das mir und allen anderen an der Krankheit leidenden helfen würde. Bis dahin werde ich sehen wie es weitergeht.

Während ich diese Zeilen schreibe, hält der COVID-19 Virus die Welt in Atem. Aus China kommend überfällt diese Lungenkrankheit unaufhaltsam durch die Globalisierung jeden Kontinent der Erde. Viel zu spät haben die Verantwortlichen reagiert und schützende Maßnahmen umgesetzt. Die Menschen selbst nicht schlauer, unterschätzten die Gefahr und begaben sich weiterhin in die Öffentlichkeit, als ob wir über eine kleine Erkältungswelle diskutieren. Für viele Menschen wird der Corona-Virus zur tödlichen Falle. Es scheint so, als bricht eine Welle über uns zusammen, ähnlich der spanischen Grippe Anfang des letzten Jahrhunderts. 50 Million Menschen starben damals in Europa, es war die größte Pandemie, die der Kontinent bisher erlebt hat. Jetzt sieht es so aus, als wenn die spanische Grippe ihren hundertjährigen Spitzenplatz an den COVID-19 Virus abgeben wird. Was können wir tun? Uns verstecken? Der Virus findet alle. Die Angst geht um und die Unternehmer denken nur an ihre Gewinneinbrüche. So wurden zuerst Großveranstaltungen abgesagt, dann Veranstaltungen mit mehr als 1000 Besuchern. Zuletzt sind Zusammenkünfte von mehr als 5 Personen verboten worden. Doch überprüft wurde dies auch nicht richtig und es gab viel zu viele Ausnahmen. Ich stelle meinem Arbeitgeber seit mehr als 35 Jahre meine Arbeitskraft zur Verfügung, doch nur meine Arbeitskraft und nicht mein Leben. Der Chemiepark beschäftigt täglich 10000 Personen. Ist das nicht pervers? Großveranstaltungen wurden verboten und hier laufen sich auf engsten Raum die Mitarbeiter über die Wege. Natürlich wurden Regeln zur Pandemie aufgestellt, die Hygienevorschriften verstärkt. Die Mitarbeiter kamen teilweise in Fahrgemeinschaften zur Arbeit gefahren. Zu Viert oder Fünft in einem PKW, unverantwortliches Handeln und so kann sich der tödliche Virus immer schneller weiterverbreiten. Es wurde diskutiert mit wie wenig Personal die Industrieunternehmen ihre Produktionen noch aufrechterhalten können. Die Ratschläge mancher dieser Mächtigen waren unverantwortlich. Ich habe aus dieser Krise gelernt, dass ein Menschenleben in der Zeit der Gewinne nicht zählt. Nur wenige Unternehmer scheint es interessiert zu haben, ob seine

Leute krank oder sterben könnten. In Schlachthöfen steckten sich die Mitarbeiter reihenweise untereinander an. Warum nur wurden die Menschen nicht früher in den Hausarrest gesteckt und der überwacht worden? Zuhause hängt seitdem Corona über uns kam der Haussegen schief. Meine Frau vor einem halben Jahr noch Krebspatientin, gilt als Risikoperson für ansteckende Viruserkrankungen und möchte nicht, dass ich mich unter den vielen Mitarbeitern gebe. Was also tun? Ich ringe mit mir. Auch ich habe ja mit meiner Krankheit zu kämpfen. Bin physisch, aber auch psychisch sehr angeschlagen. Stress ist Gift für meine Dopaminausschüttung und zurzeit habe ich zu viel Stress. Meine Frau mit ihrer Krebsoperation und anschließenden Therapiebehandlung inklusiv der Kur im letzten Jahr. Ende des Jahres die Nachricht über meinen Vater. Speiseröhre und Prostata und dazu eine vergrößerte Aorta in den schon vor 30 Jahren um 2/3 verkleinerten Magen. Mein Vater, nie kräftig und von schwerem Körperbau, doch nun mit 42 Kilogramm und seinen 80 Lenzen wirklich dem Herrn im Himmel näher als dem nächsten Weihnachtsfest im eigenen Heim. Schluss mit Lustig war aber immer noch nicht. An einem Dienstag Ende Februar, morgens nach dem Training im Studio auf dem Weg nach Gelsenkirchen zum Fliesenfachgeschäft, rief ich meine Mutter an. Auf dem Rückweg kurz bei ihr anzuhalten war eine tolle Idee. Dank Bluetooth in der heutigen Zeit also kein Problem während der Fahrt mit ihr zu sprechen. Die Frage wie es ihr gehe beantwortete sie mit schlecht. Brustkrebs war ihre nächste Aussage. Mich traf der geworfene Stein, wie vor einem Jahr bei meiner Frau unverhofft mit voller Wucht mitten auf der Stirn. Eine Stunde später saßen wir in ihrem Wohnzimmer zusammen und besprachen das weitere Vorgehen. Mit 76 Jahren ist sie auch nicht mehr die Jüngste und zählt dazu noch einige Krankheiten ihr eigen. Als Sohn war es meine Pflicht mich um die Gespräche und die weitere medizinische Therapie zu kümmern. Doch spurlos ging es nicht an mir vorbei. Als Wechselschichtler kommt dann zum Dessert noch die ständig wechselnden Tag und Nachtschichten im Wochenrhythmus dazu. Mein Zittern in dieser Zeit lief auf Hochtouren und mit der Geheimhaltung war es aus. Ich konnte es nicht mehr unterdrücken und sah, dass meine Mitmenschen dies sahen. Meine Tante sprach mit meiner Mutter wie ich mich bewege. Wie ein alter Greis würde ich durch die Gegend laufen war ihre Aussage. Mein Gehirn förderte jetzt schon einfach zu wenig von dem von mir verlangten Dopamin. Ich spüre dann immer den Druck und das Pochen bei jedem Herzschlag in meinem Kopf. Auch mein Blutdruck steigt so weit in die Höhe, dass sich mein Gehirn fast wie kurz vor der Explosion anfühlt. Normalerweise war ich reif für die Insel. Doch das Schlimmste war, der Zustand meiner Ehe. Ich bin vom Typ her eine Person, der schnell entschlossen ist und genauso schnell zu handeln weiß. Mein Schatz ist genau das Gegenteil und so verstehen wir oft das Gesagte falsch. Es ist so schrecklich für mich, der Frau, die ich über alles liebe, nicht wirklich helfen zu können. Mit ihr alt zu werden war mein Wunsch und trotzdem glitt mir dieser Wunsch wie lockerer Sand durch meine Finger. Alles was gesagt wurde, ist falsch verstanden worden. Ich hatte Angst überhaupt etwas zu sagen, ohne ihr auf die Füße getreten zu sein. Umgekehrt hatte sie Angst, denn sie dachte immer alles in meinen Augen falsch zu machen. Zu oft bin ich durch die verfluchte Krankheit zu erschöpft, um mir die Zeit zu nehmen und ihr zuzuhören. Ich versuchte es jeden Tag, doch es ist schon oft vorgekommen, dass mir die Augen während einer Diskussion zu gefallen sind. Für meine Frau sah es dann immer wie Desinteresse meines seitens aus, doch dem war nicht so. Eigentlich bin ich wortgewandt, doch oft kann ich meine Gefühle ihr gegenüber nicht zum Ausdruck bringen. Dazu noch die Gesichtsmimik, die beeinträchtigt ist und schon ist das Missverständnis da wo es nicht sein sollte. Dabei möchte ich nichts anderes als in Frieden mit ihr leben. An meinen starken Schultern soll sie sich anlehnen dürfen und den Schutz vor ihren Ängsten bei mir finden. Auch hier fehlen mir jetzt trotz so vielen geschriebenen Seiten die richtigen Worte. Ich weiß nicht wie das alles enden wird, aber ich habe mir immer gewünscht, dass es mit meiner Frau an meiner Seite endet. Noch nicht einmal in den Arm nehmen, um ihr einen Kuss zu geben ist mir wegen des Coronavirus erlaubt. Meine Glückssträhne hat sich wirklich in eine Pechsträhne gewandelt. Ich hoffe mal, alle meine und vor allem ihre Sorgen treten nicht ein und wir können später über das von uns Befürchtete lächeln. Die Anzahl der Sterbenden durch eine normale Influenza soll laut Statistik des Robert Koch Institutes in Deutschland im Jahr 2017 bei geschätzten 20000 Todesopfern gelegen haben, wobei diese Zahl nicht wirklich bestätigt und von vielen anderen angezweifelt wird. Jetzt bleibt uns nur abzuwarten wie die Statistik über den COVID-19 Virus in einigen Jahren aussehen wird. Enttäuschend bei der gefährlichen Pandemie ist das absolute Versagen des Gesetzgebers. Die Bundeskanzlerin, schon 2015 bei der Flüchtlingskrise mit einem Blackout, war wieder völlig orientierungslos. Als Kanzler oder Kanzlerin sollte man doch die Initiative und Führung in einer solchen Krise an sich reißen, doch außer einer Rede, die eher von der Kanzel einer Kirche gepredigt hätte können, kam von ihr nichts. Bundessache, Ländersache, Angelegenheiten der Kommunen darüber wurde diskutiert. Anstatt sie mit der Faust auf den Tisch gehauen und allen Bürgern in Deutschland ganz klipp und klar Gebote, Verbote und neue Regeln diktiert hätte, stand sie nur im Hintergrund und ließ jeden walten und schalten wie sie wollten. Flugzeuge aus China und dem Iran durften drei Monate nach Ausbruch der Seuche in Deutschland noch landen und die Passagiere unbehelligt einreisen. Zur selben Zeit starben in Italien täglich über 400 Menschen an den Folgen von COVID-19. Die Wahrheit wurde über die Medien verharmlost, nur um eine Panik entgegenzuwirken. Die Bundesregierung ließ den Bürgern die freie Wahl und hoffte auf dessen Vernunft bei dem Umgang mit dem Corona-Virus. Anstatt eine strikte Ausgangssperre bundesweit auszurufen, gab es unnötige Hinweise mit 2 Meter Abstand zum Nächsten. Auch die Fußballbundesliga wurde gestoppt und nun hörte man über die Medien nur das die Vereine jammern und vor dem Konkurs stehen würden. Jahrzehntelang haben die Vereine unzählbare Gewinne erwirtschaftet, zahlten ihren Profis Millionen Beträge und nun weinen diese rum. Spätestens jetzt sollte jedem klar gewesen sein, dass die Profiliga eine Luftblase war.

Das Training im Studio ist durch den Gesetzesgeber auch verboten worden und so hat sich für mich das Heben und Senken von Gewichten auch erledigt. Ich bemühe mich intensiv einer Ansteckung aus dem Weg zu gehen und nehme mir vor, mich mehr um meine Frau zu kümmern. Zu sehr habe ich sie in der letzten Zeit vernachlässigt. Meine Gedanken haben sich überwiegend um meine ganzen Probleme beschäftigt und ihre Problematik habe ich dabei aus den Augen verloren. Meine Planungen sahen vor, dass wir ab Ende April bis Ende Oktober mehrere Urlaube mit unserem Wohnmobil unternehmen wollten. Kroatien, Südfrankreich, Spanien, Österreich und die Toskana wollte ich mit ihr bereisen. Dazu noch ein paar Wochenenden an der Nordsee waren von mir geplant. Doch nun sind alle Grenzen trotz Schengen Abkommen dicht und wir werden wohl unserer schönen Zeit durch die Pandemie beraubt.

Um meine Gleichstellung zu bekommen, musste ich einen harten Kampf und eine lange Zeit durchstehen. Im Dezember 2017 stellte ich nach Absprache mit der Schwerbehindertenbeauftragten unseres Unternehmens den Antrag auf Gleichstellung schwerbehinderter Personen. Da meine Krankheit ja kein Witz, dafür aber chronisch und unheilbar, sich immer weiter verschlimmert und mich wirklich zum schwerbehinderten Mitmenschen gemacht hat, dachten wir der Antrag wird ohne Mühen von der Agentur für Arbeit genehmigt. Wir schrieben meinen Krankenstand und meinen verschlechterten Zustand über mehrere Seiten auf, erteilten dem Amt Akteneinsicht bei meinen Ärzten und waren voller Zuversicht bald gute Neuigkeiten über die Post in den Briefkasten gelegt zu bekommen. Ich hatte Angst meinen Job zu verlieren und halte deshalb noch bis heute mit meiner Krankheit vor meinen Vorgesetzten und Mitarbeitern vorm Berg. In unseren Antragsschreiben standen der Morbus Tremor an erster Stelle, folgend von den beiden Bandscheiben Vorfällen in den Lendenwirbeln, gefolgt von der Vorbeugung im Halswirbel. Dazu noch Bluthochdruck, mein lädiertes linkes Knie und die beiden Golfarme an den Ellenbogen. Ich war und bin nicht mehr voll einsetzbar und bangte um meinen Posten. Auch dieses Mal kam es wieder anders als gedacht. Mein Freund und Kumpel mit der beklagenswerten Krankheit Rheuma stellte den gleichen Antrag einige Tage nach mir, die selbe Sachbearbeiterin die mir die für mich nicht nachvollziehbare Absage erteilte, stimmte seinem Antrag sofort zu. Er arbeitet übrigens im gleichen Betrieb wie ich. Das Einspruchschreiben von mir über die Schwerbehindertenvertretung ließ nicht lange auf sich warten und wieder bekam ich negativen Bescheid. Noch einmal bemühte ich mich mit Hilfe der Schwerbehindertenvertretung unseres Unternehmens in einem Brief an die Vernunft der Amtsträgerin und legte noch mal einen Einspruch ein. Wieder erfolglos. Ich ließ mich nicht entmutigen, denn ich fand als chronisch Kranker mit fortlaufender Verschlechterung meiner Gesundheit, machte ich mir große Sorgen um meinen Job. Als überzeugtes Gewerkschaftsmitglied saß ich einige Tage später bei dessen Anwältin und beriet die für mich beste Strategie. Wir legten eine

Klage beim Sozialgericht in Gelsenkirchen gegen den negativen Bescheid der Agentur für Arbeit ein. Ein halbes Jahr tat sich gar nichts. Ich hörte nur einmal etwas vom Gericht und zwar, dass meine Klage bearbeitet wird. Ich überlegte was kann ich noch tun? Der Plan B war eine Verschlimmerung der Schwerbeschädigten Prozente von 40 auf 50. Ich füllte das aus dem Internet ausgedruckte Formular aus und schickte es mit der Post auf den Weg zum Kreisamt nach Recklinghausen. Wieder half mir die Schwerbehindertenbeauftragte bei meinem Antrag. Mein Gesundheitszustand hat sich in der Zwischenzeit weiter verschlechtert. Vorn über gebeugt schleiche ich durch den Betrieb oder gehe mit Samu raus. Die Müdigkeit überfällt mich immer mehr und in kürzeren Abständen. An Konzentration für länger als 10 Minuten ist nicht mehr zu denken. Auf der Arbeit lebe ich aus meiner Erfahrung und dem Posten delegieren zu können. Meinen Vorgesetzten fällt mein Zustand auch auf und im letzten Bewertungsgespräch musste ich Federn lassen und bin natürlich auf meine Unkonzentriertheit angesprochen worden. Noch sagte ich nichts und ließ die Wartenden im Regen stehen. Irgendwann bekam ich dann mal wieder Post von der Kreisamtbehörde. Mein Antrag auf Verschlechterung wurde aufgrund einiger Arztberichte aus dem Jahr 2017 nicht stattgegeben. Ich traute meinen Augen nicht. Die ausschlagenden Berichte waren 2 Jahre alt und sollten nicht meinen jetzigen Zustand beschreiben. Ich glaubte es nicht und schrieb dem Amt sich von meinen behandelnden Ärzten die neuesten Berichte geben zu lassen. In der Zwischenzeit tat sich etwas beim Sozialgericht. Ich bekam die Aufforderung meinen Antrag bei der Gerichtsverhandlung vorzutragen und um eine Einstufung für die Gleichstellung zu begründen. Oh je, ich war erst einmal vor Gericht, bei einem Autoverkauf. Doch damals brauchte ich nichts erklären und wurde auf Verdacht des Betruges meines Anklägers freigesprochen. Jetzt wollte der Richter von mir wissen, warum er mir die Gleichstellung zuteilen sollte. Mir half ein negativer Zustand, der mir mehr als eine schlaflose Nacht bescherte. 2016 war ein schweres Jahr. Nicht nur, dass ich die Diagnose meiner Krankheit bekam, auch auf der Arbeit lief es nicht mehr glatt. Ich musste die Schicht gegen meinen Willen wechseln und war nicht begeistert. Es kam zum Streit mit meinem Betriebsleiter und den Rest der Verantwortlichen. Die Art und Weise dieses Wechsels gefiel mir nicht. Unehrlich und verschwiegen logen mich meine Vorgesetzten alle an und sprachen mit mir vorher nicht über den für mich vorgesehenen Wechsel. Es war genau die Zeit, als der alte verantwortliche Betriebsleiter durch eine Betriebsleiterin ersetzt wurde. Diese erfuhr natürlich sofort von den Spannungen zwischen der Chefetage und mir und der Neustart fiel für mich nicht gut aus. Von der ersten

Minute hatten wir beide viele Meinungsverschiedenheiten und diskutierten für mich erfolglos so manches
Thema. Eines war eine Lohnerhöhung für uns Wechsel-
schichtmeister. Ohne ihre Unterstützung, im Gegenteil,
mit sehr viel Gegenwind kämpften wir für unsere Sache. Es schien ohne die Rückendeckung der Führungsebene ein erfolgloses Unterfangen zu werden. Doch
über den Betriebsrat und mit dem solidarischen Vorgehen der Schichtmeister aus einem anderen Betrieb der
gleichen Abteilung hatten wir Erfolg. Es wurden dann
einige begünstigte Meister genannt und trotz meiner
25-jährigen Erfahrung, nannte meine Chefin meinen
Namen nicht. Sie wollte lieber leichter führende, aber
auch unerfahrenere Kollegen belohnen. Es kam aber
anders, über den Betriebsrat schaffte ich es dann doch
noch auch für die Lohnerhöhung berücksichtigt zu werden. Vieles in den damaligen Verhandlungen wurde geheim gehalten. Die Stimmung war damals sehr schlecht
und hat sich bis heute zwischen uns nicht wirklich positiv geändert. In meiner Verzweiflung erwähnte ich das
ganze Szenario mehr nebenbei dem Gericht, mein Kern
der Begründung sah ich mehr in meiner Krankheit.
Doch genau das negative Verhältnis zu meiner Betriebsleiterin half mir vor Gericht. Der Richter mittig sitzend neben seinen zwei Schöffen erklärte mir nach einer Beratungspause sein Urteil. Zuerst entschuldigte er
sich für seine Aussage, denn er machte mich darauf

aufmerksam, dass jeder Mensch sehen könnte wie krank ich wäre. Doch trotz meiner Krankheit wollte er mein Anliegen nicht unterstützen und das Verfahren zu meinen Ungunsten beenden. Doch die Missgunst meiner Chefin mir gegenüber gab den Ausschlag mir mein angestrebtes Recht und die Gleichstellung gerichtlich zuzusprechen. Die vor mir im Blick sitzende Anwältin der Agentur für Arbeit schien die ganze Zeit während der Verhandlung gelangweilt und stimmte dem Urteil zu. Im Juni 2019 eineinhalb Jahre nach meiner Antragsstellung, nach dem ganzen Ärger, hatte ich endlich meine Gleichstellung bekommen. Jetzt hatte ich endlich einen besonderen Kündigungsschutz, ich konnte nicht mehr meiner Krankheit wegen so einfach entlassen werden. Dazu noch den Vorteil drei Schichten mehr Jahresurlaub genießen zu dürfen. Endlich mal ein positiver Bescheid nach all den schlimmen Erfahrungen der letzten Zeit. Mein Einspruch auf Verschlimmerung und Erhöhung meiner Schwerbehindertenprozente wurde wieder abgelehnt. Die Möglichkeit einer Klage nahm ich Aufgrund des vorangegangenen Stresses und fehlender mentaler Kraft nicht mehr wahr.

Mein Kopf redet mir immer öfter negative Gedanken ein. Ich sehe in den Spiegel und sehe einen bemitleidswerten Mann. Dort steht nicht mehr der selbstbewusste durchtrainierte mit Muskeln bepackte Sportler, sondern nur noch ein Haufen Elend. Auch mein Sexleben leidet massiv durch die Krankheit. Monatelanges Desinteresse von meiner Seite, bringen meine Frau zum Grübeln ob ich sie noch liebe. Ich weiß nicht warum, aber mir ging die Lust irgendwie verloren. Ich liebe meine Traumfrau trotzdem und versuche mein Bestes. Früher war die Leidenschaft bei uns beiden so groß, dass wir wie Nymphomanen mehrmals am Tag über uns hergefallen sind. Unsere beider Krankheit hat zu dem jetzigen Zustand wohl beigetragen, aber ich hoffe, dass wir wieder durch unsere Liebe zueinander diese Krise zusammen bewältigen und in naher Zukunft wieder alles so ist, dass die Lust und Leidenschaft sich zu unserer Zufriedenheit einstellen wird. Wir streiten in letzter Zeit oft, verstehen nicht mehr den Partner und doch möchte und kann ich mir ein Leben ohne sie nicht vorstellen.

Früher im Studio beim Training waren wir wie eine große Familie. Wir verstanden uns, hatten Spaß und trainierten zusammen. Untereinander wurde auch geholfen und aufgepasst, wenn mit schwerem Gewicht hantiert worden ist. Natürlich war das Training mit Höhen und Tiefen verbunden. Immer die gleiche Form zu haben oder sich zu steigern ist im Sport sowie im Bodybuilding nicht drin. So beobachteten wir die konkurrierenden Kameraden wie ein Rudel Wölfe ihr Opfer vor dem Angriff belauern und schlugen bei einer nicht er-brachten Leistung sofort zu. Andere Kumpels ein wenig aus Spaß an der Sache zu ärgern war üblich unter uns Kraftsportlern. Keiner war einem böse, wenn er gefragt wurde, ob er abgenommen hätte. Das Körpergewicht zu verlieren war das Schlimmste im Bodybuilding was einem Sportler passieren konnte. Ich rede nicht von der Fettreduzierung, um auf der Bühne die Muskeln besser präsentieren zu können, ich meine Muskelmasse ver-lieren, wenn man auf das Abnehmen angesprochen wurde. Die Höchststrafe für den immer hart trainieren-den und an sich kämpfenden Bodybuilder. Es gibt nichts Schöneres als beim Training vor dem Spiegel zu stehen und die aufgepumpten Muskeln im Rhythmus der Übungen bewegen zu sehen. Wenn andere Studio-besucher dann noch jemanden bewunderten, gab es keinen Gockel auf dieser Welt der stolzer herumspa-zierte als der Gelobte selbst. Persönlich konnte ich nicht mit den Schwerathleten mithalten, doch einen Vorsprung besaß ich und viele beneideten mich um meinen Bizeps. Der Bizeps war mein Joker. Ohne be-sonders mehr zu tun als bei den anderen, wuchs mein Oberarm komischerweise besonders schnell und gut. Der Muskel wuchs nicht nur in die Höhe, auch in die Länge konnte ich den Oberarm ausfüllen. Ich bekam viele anerkennende Belobigungen meines Armes we-gen und ich genoss die Zeiten des Schulterklopfens.

Längst ist die Phase des Selbstbewusstseins der schrecklichen Realität gewichen. Unaufhaltsam baute ich in den letzten Jahren immer weiter ab. Die physische Gestalt von früher bleibt mir nur noch in Erinnerung und auf älteren Urlaubsbildern. Obwohl ich noch dreimal, manchmal viermal die Woche ins Gym zum Training fahre, konnte ich den körperlichen Muskelabbau im Älterwerden nicht entgegenwirken. Egal was ich versuchte, es gelang mir nicht mehr diese Trainingsintensität aufzubringen die nötig wäre, um die Muskelmassenreduzierung aufzuhalten. Das Leben hat seine eigenen Regeln und diesen Regeln unterliege auch ich. Was mir in jungen Jahren mit Leichtigkeit gelang, ist nun für mich unerreichbar geworden. Jetzt sitze ich hier am Laptop und tippe meine Erinnerungen in Worte und Sätze fassend ein. Die Höchststrafe, die mir zugekommen ist, liegt nicht weit in der Vergangenheit, sie kam mir gestern zuteil. Mein Heizungsfachmann kam termingerecht und pünktlich zur Wartung unserer Gastherme. Während er seine Arbeit verrichtete, unterhielten wir uns unter anderem über die Gebrechen, die einem das Leben mit dem Älterwerden mitgibt. Als ich ihn über meine Bandscheibenvorfälle berichtete und ihn sagte, es käme vom Training, fragte er mich, was ich denn überhaupt trainieren würde. Naja, ich lief zwar nicht mit nacktem Oberkörper durch die Wohnung als er da war, aber das man jetzt nichts mehr von meinen sportlichen Ertüchtigungen der letzten 32 Jahre durch das T-Shirt sehen konnte, gab mir den Rest. Und wieder trat das Leben auf mich zu Boden liegend ein. Wie ein Leberhaken im Boxkampf. Man kassiert den Treffer, bleibt noch kurz stehen und dann kommt die Wirkung so entsetzlich schnell, dass man in die Knie geht. Ich fühlte mich ohnmächtig, mir fehlten voller Selbstzweifel die Worte. Der Schlag knockte mich unvorgesehen aus. All das geschah in Sekundenbruchteilen und bleibt doch für den Rest meines Lebens an mich hängen und in meiner Erinnerung. Der Heizungsfachmann wartete auf meine Antwort und beschämend erklärte ich ihm, dass ich früher Bodybuilding betrieben habe.

Die Zeit vergeht einfach zu schnell. Niemand vermag das immer fortlaufende Rad aufzuhalten. Die Welt bewegt sich stetig schneller und die Anforderungen steigen ebenso schnell. Hat der Zug einmal seine Geschwindigkeit erreicht ist es schwer wieder aufzusteigen, wenn man einmal abgesprungen ist. Eine Auszeit wird einem weder bei der Arbeit noch im privaten Bereich gegönnt. Die Technologie geht voran und wir müssen uns ständig schulen, um an Bord zu bleiben. Aus unseren Erfahrungen zu schöpfen fällt mir immer noch leicht, doch neue Technologien zu erlernen und auch noch zu behalten beansprucht meine volle Aufmerksamkeit und kann nicht mehr wie früher spielend erlernt werden. Ich komme oft an meine Leistungs-grenze. Bei Beobachtungen, die mein Umfeld betref-fen, stelle ich aber fest, dass es meinen Generations-kollegen ähnlich geht. Es kommen durch die Globalisierung immer schnellere softwarebetriebene Produkte auf den Markt und wer sich diesen nicht an-nimmt ist aus dem Rennen. In dem Heute zählen nur noch Unternehmensgewinne und wie ich die Margen noch weiter steigern und die Kosten senken kann. Wir Arbeiter kämpfen nicht erst in der Zukunft gegen Ma-schinen wie die Schauspieler in den Terminator Filmen, nein der Kampf hat schon längst begonnen. In den In-dustrieunternehmen werden immer mehr arbeitende Menschen durch softwaregesteuerte Programme er-setzt. In der Autoindustrie werden für den Bau eines PKW´s gar keine Mitarbeiter mehr gebraucht. Was un-sere Zukunft bctrifft, sehe ich schwarz, immer mehr Menschen wird es auf diesen Planteten geben. Alle müssen sich die Nahrung und das Dach über den Kopf mit Arbeit verdienen. Doch es wird nicht genügend Stellen geben, um alle Menschen mit Arbeit zu befrie-digen. Schon in den letzten Jahren mussten wir erfah-ren, was es bedeutet seine Familie nicht mehr ernäh-ren zu können. Der Flüchtlingsstrom begann sich aus den ärmeren Ländern ins reiche Europa zu bewegen und niemand konnte sich dem entgegenzustellen. Mich ängstigt es, wenn ich an unsere Zukunft denke, doch die regierenden Politiker schauen über die Sorgen des arbeitenden Bürgers einfach weg und denken nur an ihre Wiederwahl oder den Pensionsansprüchen. Wir werden von den Medien nicht wirklich aufgeklärt und negative Schlagzeilen durch Personen mit Migrationshintergrund werden ganz verschwiegen. Wie kann es sein, dass noch drei Monate nach Ausbruch des COVID-19 Virus in China, Flugzeuge aus China bei uns landen, die Passagiere einreisen und den Virus unter uns weiter verteilen dürfen. Um das deutsche Volk vor Schaden zu bewahren, hätte es ein Einreiseverbot nach Ausbruch der Pandemie geben müssen. Doch weder die Kanzlerin noch die Minister oder sonst irgendjemand der Verantwortlichen hatten den Schneid die geöffneten Einreisetore zu schließen. Wo soll die Zukunft nur hinführen? Die Umweltverschmutzung nimmt immer mehr zu, das Aussterben ganzer Tierarten wird von uns unterstützt, Drogen werden von nichtarbeitenden Sozialschmarotzern an unseren Kindern vor den Schulen verkauft, Frauen werden von Migranten in Massen sexuell belästigt, Banden aus Osteuropa starten ihre Raubzüge auf unseren Boden und die Regierung schaut tatenlos zu. Der normal denkende Bürger wird durch die Untätigkeit des Gesetzgebers so praktisch schon genötigt bei den nächsten Wahlen seine Stimme einer rechten Partei zu geben und das alles macht mir Angst.

Ich befürchte für die noch wohlhabenden europäischen Industrienationen schwerwiegende Folgen ihrer inkompetenten Politik. Der Brexit der Britten war erst der Anfang, für uns und die deutsche Wirtschaft zwar unschön, aber für mich persönlich nachvollziehbar und richtig. Boris Johnson, mittlerweile Premierminister, wurde vorher belächelt zog den Austritt aus der europäischen Union eiskalt ohne Rücksicht auf Verluste durch und die Europäer schauen nun dumm aus der Wäsche. Wir lassen islamische Terroristen ins Land und wundern uns der Anschläge wegen. Auch schaffen wir meiner Meinung nach die Religionsfreiheit in Deutschland ab. Anstatt die Einreise der muslimischen Bevölkerung einzudämmen, halten wir denen noch die Türen auf. Der türkische Präsident darf in Deutschland in seinen Wahlkampfreden die türkischstämmigen Mitbewohner lautstark animieren vier oder fünf Kinder zu zeugen, um in den nächsten Generationen Europa zu übernehmen. Jeder kluge Mensch kann sich ja ausrechnen, wann wir mit unseren Einkindfamilien von den sechs Million Bürgern türkischer Abstammung mit vier oder fünf Kindern überholt werden und die Demokratie erlaubt dem zu regieren, der die Mehrheiten hinter sich stehen hat. Das Problem ist dann oder eigentlich jetzt schon, dass das Grundgesetzt von den Migranten muslimischer Herkunft nicht anerkannt wird und die Scharia andere Religionen und Gesetze nicht duldet.

Ich halte Deutschland eigentlich für das beste Land der Welt, der hart arbeitende Michel wurde hier immer belohnt und sozial abgesichert. Viele Staaten der Erde beneiden uns um unser Sozialsytem und um unsere Schulbildung, doch um unsere Zukunft wird mir angst und bange. Ich möchte mich hier nicht politisch äußern, aber ich musste meine Ängste und Befürchtungen hier hinzufügen. Wir wünschen uns Enkelkinder und hoffen bald von unserer Tochter und deren Mann die glückliche Offerte zu bekommen. Meine Sorge ist nur, wie sieht die Zukunft für unsere Enkelkinder aus? Kopftuchtragend in der Moschee betend oder demokratisch die Freiheit genießend. Es fällt mir schwer, die Zukunft bei der jetzigen Politik positiv zu bewerten. Warum mache ich mir bei meinen eigenen Problemen so viel Gedanken um die Zukunft anderer? Ich denke, der Platz, den wir auf dieser Welt besetzen ist nur geliehen und zeitlich begrenzt. Deshalb sollten wir alle für die nachkommenden Platzhalter die Welt in einem geordneten mit der Natur ausgeglichenen Zustand übergeben. Unsere Nachkommen sollen wie wir die Freiheit besitzen dürfen, ihr Leben eigenständig selbstentscheidend bestimmen zu können und um dies zu ermöglichen müssen die Weichen der Zukunft heute gestellt werden.

Wie meine eigene kurze Zukunft aussehen wird weiß ich nicht. Schafft die forschende Pharmaindustrie es für mich noch rechtzeitig ein Medikament auf den Markt zu bringen, um mein Leiden zu bekämpfen oder werde ich hoffnungslos ein schwerer Pflegefall? Auch diese Angst ist jeden Tag in mir und lässt mich unruhig und pessimistisch in die Ferne sehen. Mein ganzes Leben habe ich mir Ziele gesteckt und geplant wie ich diese Ziele in der Praxis erreichen konnte. Vom Typ her bin ich vom Kindesalter an ein Mensch, der alles immer genau durchplant. So plante ich genau meinen beruflichen Werdegang, genauso baute ich in der vorher geplanten Zeit meine Doppelhaushälfte. Das Training, um meine Muskelmasse aufzubauen war zeitlich genau durchdacht. So bin ich bis zu meinem 46. Geburtstag recht gut gefahren und habe alles im Griff gehabt. Die Zeit nach meinem Arbeitsleben haben mein Schatz und ich auch akribisch geplant. Damit es uns im Alter genauso gut geht wie in der Vergangenheit, haben wir viele unserer Ersparnisse für das Rentenalter angelegt. Mit Hund und Wohnmobil, die Fahrräder im Gepäck, wollten wir die Nachbarländer erkundschaften. Wir wollten das letzte Kapitel des Lebens genießen und finanziell unabhängig, in Ruhe und Frieden gemeinsam alt werden. Doch jetzt stelle ich meine ganze Lebensplanung selbst in Frage. Wie wird mein Weg weitergehen? Die Weichen der Zugstrecke habe ich alle bis zu meinem gewünschten Ziel gestellt. Der Zug des Lebens befährt auch meine Schienenstrecke, nur sitze ich nicht drin. Am Bahnhof der Entscheidungen wurde ich vom lieben Gott in einem anderen Schienenfahrzeug gesetzt und werde nun mit Höchstgeschwindigkeit zu meinem nicht von mir erwünschten Ziel befördert.

Schon einige Jahre vor meiner Diagnose, fiel meiner Liebsten mein komischer nach vorn gebeugter Gang auf. Du siehst mit Muskeln bepackt 10 Jahre jünger aus als du bist, doch du läufst wie ein alter kranker Greis waren ihre Worte mehr als einmal zu mir. Schon damals gefühlte 5 Jahre vor der Feststellung meiner Krankheit war mein schlechter Gang das erste Symptom des Morbus Tremor. Nur wusste ich es damals nicht. Nie hätte ich gedacht an solch unheilbares Leid zu erkranken. Im Nachspann der letzten 10 Jahren und viel investierte Zeit zum Nachdenken, fielen mir natürlich mehrere Dinge auf, die nicht mehr so richtig funktionierten. Ich konnte den Ball mit rechts nicht mehr auf die rechte Spielfeldseite schießen oder bei Stress zuckte mein linkes Augenlid unkontrolliert. Ich konnte mich immer gut verbal ausdrücken, doch irgendwann und mit der Zeit immer mehr fehlten mir die Worte und ich stotterte den Rest des Satzes aus. Nicht nur das ich vorgebeugt gelaufen bin, auch der schlurfende Schritt ist eine Erklärung für den Krankheitsverlauf. Ahnungslos lebte ich trotz immer mehr Handicaps mein Leben. Beim Training konnte ich mir nicht erklären, dass meine Leistung kontinuierlich bergab ging. Ich bekam Probleme mit meiner rechten Schulter, es dauerte lange bis ich die Schmerzen durch die Behandlung meines ukrainischen Heilpraktikers aus Gelsenkirchen in den Griff bekam. Doch die Gewichte, die ich wieder heben wollte, wurden weniger, für mich aber schwerer zu heben. Ich dachte mir, dass nach genügend Training ich wieder zu alter Stärke zurückfinden könnte. Doch die Wochen des harten Trainings vergingen, ohne das gesetzte Ziel der vorherigen Leistung erreicht zu haben. Egal was ich probierte, das Eisen, dass ich nun bearbeitete war nicht mehr mit den gleichen Kilogrammzahlen beschriftet wie früher. Es dauerte nicht lange und ich hatte mir die Ellenbogen kaputt trainiert. Ich hörte nicht auf meinen Körper und trainierte trotz Schmerzen weiter. Golfarme an beiden Ellenbogen wurde durch meinen Orthopäden diagnostiziert. Er, früher selbst Mitglied in unserem Fitnessstudio erklärte mir die Problematik, spritzte mir ein schmerz und entzündungshemmendes Mittel, machte mich aber darauf aufmerksam, dass die Schmerzen wiederkommen werden. 6 Wochen mindestens Trainingspause verordnete er mir noch. Noch nie hatte ich 6 Wochen mit dem Training ausgesetzt. Ich bekam vor dem Spritzen noch Fastientherapie und Kältebehandlung aufgebrummt, jedoch ohne Erfolg. Der Inhalt der Spritzen taten ihre Arbeit und der Schmerz war weg. Nach 2 für mich schweren trainingsfreien Wochen, packte ich meine Sporttasche und fuhr ins Gym. Vorsichtig nahm ich die

Hanteln in die Hand und machte meine Übungen. Es funktionierte wunderbar und ich ging meiner täglichen Routine wieder nach. Arbeiten und in der Freizeit trainierte ich wieder für den Aufbau meiner Muskelmasse. Einige Wochen später unter der karibischen Sonne meldeten sich meine beiden Ellenbogen zurück. Sie kamen nicht langsam und ruhig anklopfend, nein, mit voller Wucht traten sie die Tür ein, hatten den großen Bruder des kleinen vorherigen Schmerzes im Schlepptau und begrüßten mich mit festem Griff. Mit Tränen in den Augen, fest auf die Zähne beißend brachte ich irgendwie den Urlaub rum und war froh wieder in der orthopädischen Praxis sitzen zu dürfen. Nur wirklich helfen konnte mein Arzt mir nicht. Nur den Tipp mit dem Dehnen der Sehnen befolgte ich sehr genau. Im Studio konnte ich keine 5 Kilogramm leichte Hantel mehr beim Bizepstraining in die Hand nehmen. Ein halbes Jahr dauerte die Tortour, dann schaffte ich es nur durch die Dehnübungen die Schmerzen immer weiter bis zum schmerzfreien Zustand herunter zu dehnen. Doch auch danach konnte ich den in der leidvollen Zeit verlorenen Kraftverlust nicht wieder kompensieren. Heute weiß ich natürlich warum andere Kraftsportler ihre Kraft durch hartes Training wieder erlangten und ich mein Leistungsniveau nie mehr erreichen sollte. Mein Schicksal hat sich heimlich in meinem Kopf, genauer gesagt in der schwarzen Hirnmaterie wohnhaft festgesetzt. Noch heute kann ich es nicht wirklich glauben und frage mich wie ich zu dem Unglück gekommen bin. Kein Arzt oder Wissenschaftler kann bisher erklären wodurch die Krankheit ausgelöst wird. Die Frage, was habe ich falsch gemacht, stelle ich mir jeden Tag, ohne eine Antwort zu erhalten.

Als meine Frau das Ergebnis des Screamings erhalten hatte und ihr von der untersuchenden Ärztin den Krebs in der linken Brust mitgeteilt wurde, brach für sie auch eine Welt zusammen. Ich dagegen war mir von Anfang an sicher, wir schaffen das. In den Gesprächen mit dem Chefarzt des evangelischen Krankenhauses in Gelsenkirchen wurde sie auf die brusterhaltende Operation vorbereitet. Ich hörte mir alles genau an und wir stellten unsere Fragen. Mit den vorher aus dem Internet erforschten Wissen, der Zuversicht des Chefarztes und der rechtzeitigen Früherkennung, war ich genau das Gegenteil meiner Frau. Ich wusste alles wird gut. Nie hatte ich auch nur den kleinsten Zweifel, dass die Operation und die Nachbehandlungen nicht erfolgreich sein würden. Für meine Frau sah es vielleicht so aus, als hätte ich wenig Interesse an ihrer verzweifelten Lage, doch ich war nur ruhig und hatte volles Vertrauen in den operierenden Ärzten. Der schnellwachsende und bösartige Tumor wurde zum Glück doch noch frühzeitig erkannt und entfernt. Dabei hatten wir das Glück im

Unglück auf unserer Seite. Mein Schatz war einige Wochen vorher bei ihrer Frauenärztin und beklagte sich bei ihr über leichte Schmerzen in der linken Brust. Die Medizinerin tastete die Stellen ab und beruhigte ihre Patientin. Sie stellte nichts beunruhigendes fest und gab ihr noch den Hinweis mit, dass Brustkrebs keine Schmerzen verursachen würde. Sie war aber 2 Jahre zuvor schon einmal mit Krebsverdacht in der Brust im evangelischen Krankenhaus in Behandlung. Damals stellten die untersuchenden Ärzte nur eine Zyste fest und legten ein Screaming zur Kontrolle zwei Jahre später fest. Diese zwei Jahre waren nun vergangen und sie ließ sich in Buer untersuchen. Das Ergebnis des Screaming war Verdacht auf bösartigen Tumor. Mit BI-ARD 5 wurde er im Bericht beschrieben. Gott sei Dank war das Screaming zur rechten Zeit gekommen, denn hätte dieses nicht stattgefunden und wir hätten uns vertrauensvoll nur auf die Aussage ihrer Frauenärztin verlassen, wäre meine Liebste nicht so glimpflich davongekommen. Das Szenario möchte ich mir im Nachhinein gar nicht ausmalen. Die Konsequenz, die meine Frau zog, war die, dass sie die Frauenärztin wechselte. Der Tumor sprang auf Hormone an und sollte zusätzlich noch bestrahlt werden. Die medikamentöse Hormontherapie dauert 5 Jahre und begann nach der drei wöchigen Bestrahlung. Um wirklich sicher zu gehen, wurde vom Chefarzt noch ein Onkotype Test mit der

Zustimmung meiner Frau vorgeschlagen und veranlasst. Dieser Test empfahl zu den anderen beiden Nachbehandlungen noch eine Chemotherapie. Wow, der Hieb saß. Vorher noch wurde eine Chemotherapie von den Fachleuten ziemlich ausgeschlossen und nun sollte sie doch kommen. In der Onkologie in Recklinghausen wurde uns die Chemotherapie erklärt. Natürlich sprach auch hier die praktizierende Doktorin die Nebenwirkungen an, machte dies aber in einem belustigten Ton. So hörte sich die vor uns liegende Chemotherapie eigentlich harmlos an. Mein Schatz hatte trotzdem Bedenken, überwand ihre Angst und unterzog sich der Behandlung. Von ihren langen lockigen Haaren würde sie sich auf alle Fälle verabschieden müssen, hatte die Onkologin ihr noch erklärt, dass die erste Infusion die schnellwachsenden Zellen zerstören würden und die Haarzellen wären neben dem Krebs auch schnellwachsend. Wieder recherchierte meine Herzensdame im Internet und dort wurde Werbung mit der Benutzung von Kühlhauben bei der Chemotherapie und eine prozentuale Reduktion des Haarausfalls in Erwägung gezogen. Meine Frau mit der Angst im Nacken ihr Markenzeichen, die langen Haare zu verlieren, schaffte sich diese Kühlhauben an und benutzte diese bei ihrer ersten Sitzung. Insgesamt sollte die Chemotherapie 4 x 3 Wochen und dann mit wechselnder Infusion 12 x wöchentlich dauern. Die erste Infusion bekam sie mit der

Unterstützung ihrer Schwester, ich musste arbeiten und bekam kein frei. Danach ging es ihr schlecht. Die Chemotherapie tötet alle Zellen ab, egal ob gute oder bösartige Zellen und so kämpfte sie gegen die Qualen der chemischen Giftspritze an. Bei ihr ging nichts mehr und sie dachte an den Folgen der Therapie zu sterben. Um auf andere Gedanken zu kommen, hatte ich die Idee doch noch in den vorher geplanten Urlaub in den Schwarzwald zu fahren. Die Pausen zwischen den einzelnen Sitzungen waren ja 3 Wochen. Meinem Schatz schien es wieder etwas besser ergangen zu sein und von dem prognozierten Haarausfall war auch noch nichts zu sehen gewesen. Ein Hoch auf die Kühlhauben dachten wir und erfreuten uns an den langen Haaren. Am letzten Tag im Schwarzwald 19 Tage nach der ersten verabreichen Infusion verlor sie ganze Haarbüschel. Ihr persönlicher Horror begann. Physisch noch sehr geschwächt von der Therapie, kam jetzt noch der psychologisch negative Aspekt des Haarausfalls dazu. Da ihr Körper die Chemotherapie nicht verkraftete und auch nicht gut verarbeitete. Ihre Angst um ihr Leben hatte und sich sicher war, die Sitzungen nicht zu überleben, beendete sie mit meiner Unterstützung und weiteren Gesprächen mit den Medizinern die Chemotherapie. Die Bestrahlungen wurden daraufhin von ihr begonnen und eine anschließende Kur auf Föhr sollten ihr helfen über die schwere Zeit etwas besser hinwegzukommen.

Drei Monate später ergab das nächste Screaming keinerlei Hinweise mehr auf Tumorzellen in der Brust wieder. Wir konnten wieder durchatmen und haben die angehäuften Ängste ein kleinwenig reduzieren können. Doch im Hinterkopf spielt der todbringende Krebs noch heute eine Rolle in unserem Leben. Die Zeit der Ungewissheit mit ihr, waren für mich mit meiner Krankheit schwer zu überbrücken und hat mich geistig und körperlich schwer belastet. Wir wollten doch zusammen alt werden. Ich der Bodybuilder und sie als meine Königin.

Mit den Jahren kehrten viele Hiobsbotschaften über uns ein und ich befürchte, es kommen noch wesentlich mehr dazu. Doch gab es auch schöne Momente in meinem Leben und auch an diese möchte ich mich erinnern dürfen. Einer dieser schönen Abschnitte war in meiner Jugendzeit das Fußballspielen. Der Ball rollte bei uns nur. Der selbstgebaute Fußballplatz war die Wiese hinter dem Spielplatz auf der Hardenbergstraße in Hassel. Dort wo morgens die Hundeführer mit ihren besten Freunden Gassi gingen, liefen wir dem Ball hinterher. Mit meinen 12 Jahren lebte ich so jeden Tag meinen Traum Fußballer zu sein. Die Hardenbergstraße gehört zu der Zechensiedlung im Norden von Gelsenkirchen. Geprägt wurde dieses Viertel durch die hartarbeitenden Kumpel unter Tage und so wuchsen wir Kinder damals in den Siebzigern auf schwarzer Kohle und dem Qualm der Kokerei unter der Obhut der Erwachsenen dort auf. Die ganze Stadt war damals in der Hand der Sozialdemokraten. Als Arbeiter wählte der Malocher die SPD. So kam es dann auch, dass die Bezirksvorsteherin der Sozialdemokraten, die übrigens auch auf der Hardenbergstraße ein Haus vor meiner Oma bewohnte, auf uns bolzenden Kindern zu kam und uns fragte, was wir von einem neuen Spielplatz mit richtigem Fußballplatz halten würden. Von dieser netten alten Dame von der SPD bekamen wir auch immer unsere Freikarten für das Parkstadion und konnten so umsonst die Bundesligapartien des Revierclubs aus Schalke sehen. Wir Kinder wurden damals wirklich an den Neubau des Spielplatzes von den Verantwortlichen mit einbezogen. Die Aufbauten des Spielplatzes interessierten uns gar nicht so sehr, doch der Bolzplatz, der sollte unser Wohnzimmer werden. Und wir bekamen ihn, so wie wir uns einen Fußballplatz vorstellten. Umzäunt mit Metallgittern, zwei Toren und richtigen Rasen. Noch heute bewundere ich die alten Fotos von unserem ersten Spiel auf unserem neuen Heiligtum. Die Bauzeit mussten wir über uns ergehen lassen. Für diese Zeit suchten wir uns auf der Körnerstraße eine andere

Wiese, um den Ball ins Tor zu schießen. Der Tag der Einweihung war gekommen. Es war ein sommerlicher Samstag und der neue Spielplatz wurde groß eingeweiht. Der Höhepunkt sollte ein Fußballspiel zwischen uns Kindern sein. Unsere Vorbereitung war ziemlich professionell. Schnell wurden zwei Mannschaften unter uns aufgeteilt. Die meisten der unter uns spielenden Jugendlichen waren Fans vom FC Schalke 04. Diese Jungs meist drei bis 4 Jahre älter als ich bildeten die eine Mannschaft und gaben sich als Schalke 04 aus. Alle trugen während des Spiels die Trikots der Blauen aus dem Gelsenkirchener Süden. Meine Kumpelfreundin Bärbel zwei Jahre älter als ich, spielte mit ihrer Schwester in der neugegründeten Damenmannschaft von Arminia Hassel. Die Blaugelben hatten ihren Sportplatz hinter der Michaelschule und spielten dort auf schwarzer Asche. Unsere Mannschaft bestand aus 6 Personen, Bärbel, ihre Schwester Andrea und deren Mannschaftskameradin von der Arminia Astrid, dazu Thomas und Ayhan. Das Tor wurde von mir gehütet. Da Bärbel und ich Anhänger der Geißböcke waren, liefen wir in roten Shirts als 1. FC Köln auf. Wir verabredeten mit den Schalkern noch vor dem Anpfiff die Wimpel der beiden Teams auszutauschen und so malten wir uns das Emblem der Kölner auf ein Stück Pappe und schnitten dieses als Wimpel zu. Das halbe Viertel war an diesem

Samstag auf der Hardenbergstraße. Die Presse der beiden großen Tageszeitungen war auch anwesend. Es kam sogar der damalige Oberbürgermeister von Gelsenkirchen. Es wurden Hände geschüttelt, Ansprachen gehalten und Fotos geschossen. Die Zechensiedlung feierte gemeinsam den Neubau des Spielplatzes mit Limonade, Bier, Würstchen und Kuchen. Unsere Gegner überraschten uns dann noch kurz vor Spielbeginn. Karsten, ein Klassenkamerad von einem Mitspieler der gegnerischen Mannschaft, der nie mit uns auf dem alten Bolzplatz mitspielte, lief für die Schalker auf. Wir sowieso schon des jüngeren Alters wegen im Nachteil, waren jetzt chancenlos. Karsten spielte Westfalenauswahl und später sogar für Westfalia Herne in der 2. Bundesliga. Der Oberbürgermeister eröffnete das Spiel mit dem Anstoß und der 1. FC Köln bekam auf dem Grün der Hardenbergstraße die Hucke voll. Nach 2 x 30 Minuten verloren wir mit 24:8 Toren. Da ich vom Ehrgeiz zerfressen bin, ärgerte ich mich riesig so viele Tore kassiert zu haben, doch so ist der Fußball und wir sollten in den nächsten Jahren noch viel Spaß auf dem Bolzplatz haben. Der frisch eingesäte Rasen hielt nicht lange. Etwa drei Monate später spielten wir wieder auf Sand, von dem Wimledongrün war nichts mehr zu sehen.

Aber auch dieses Ergebnis spiegelt mein sportliches Leben wider. Ich bin nie die Nr.1, sondern immer eine gute Nr.2 gewesen. Egal ob es mich persönlich betroffen hat oder ich meinen Mannschaften die Daumen gedrückt habe. Meistens ging ich als Nr.2 vom Feld und jeder Sportler weiß genau Bescheid, der Silbermedaillengewinner ist der erste Verlierer. Nenne ich das Bespiel meiner Mannschaft aus Köln. Die heutigen Jugendlichen kennen den FC nur als Fahrstuhlteam, doch die Zeiten waren mal bessere. Der FC ist mit mir vergleichbar, auch eine ewige Nr.2. Drei Mal wurden die Geißböcke deutscher Meister, dagegen stehen sieben Vizemeisterschaften. Beim DFB-Pokal sieht die Statistik ähnlich aus, vier Mal holten wir den Pott, doch verlor der FC auch sechs Endspiele. Mir wäre es lieber gewesen wir könnten die zweiten Plätze gegen die Ersten eintauschen, aber dem ist ja nicht so. Das schlimmste an der verdammten Bilanz ist, dass ich nie einen Sieg live gesehen habe. 1977 der Pokalsieg und 1978 das Double erlebte ich im Radio und im Fernsehen mit. 1980 das Halbfinale im DFB-Pokal auf Schalke, ich dabei und wir gewannen 2:0. Das Endspiel gegen Fortuna Düsseldorf fand im Parkstadion direkt vor meiner Haustür statt. Meine Chance den Pokalsieg live mitzuerleben. Ich im Stadion, der FC führte 1:0 und was geschah? Wir verlieren 2:1. Der Wassergraben im Rund der Arena reichte nicht aus, um all meine Tränen aufzufangen. 1983 sah ich vor dem Fernseher den blamablen 1:0 Sieg im Stadtderby gegen die Fortuna. 1991 dann ab ins Auto und nach Berlin. Werder Bremen hieß der damalige Gegner. Kurz nach der Halbzeit schossen die Grünen aus Bremen das 1:0. Unser später tödlich verunglückte Mittelstürmer Maurice Banach gelang kurz vor Schluss das 1:1. Wir schafften es nicht mehr das nötige Siegtor zu schießen, so musste das Elfmeterschießen entscheiden. Bremen verschoss einen, wir zwei Elfmeter und ich wieder live dabei. Wie die Autofahrt zurück in den Westen verlaufen war, kann sich jeder Fußballfan vorstellen. 1989 hatte ich echt gedacht wir werden deutscher Meister. Als Dauerkartenbesitzer sah ich nicht nur alle Heimspiele, nein ich fuhr auch zu vielen Auswärtspartien. Wir feierten die Mannschaft und sangen von der Meisterschaft. Doch kurz vor Saisonende verloren wir das entscheidende Match gegen die Bayern zuhause mit 1:3. Aus der Traum und ich live dabei. In den Europapokalspielen verlief es auch nicht so gut für uns. Achtmal stand der FC im Halbfinale, einmal im Finale und immer setzte es Niederlagen und meist verspielten wir die Chance auf den Sieg zuhause. Obwohl die gnadenloseste Niederlage war vor meiner Zeit. Der FC 1965 im Viertelfinale gegen den späteren Landesmeistergewinner FC Liverpool. Nach zwei Spielen, die Unentschieden endeten, musste damals ein drittes Match auf neutralen Boden stattfinden, um den Sieger zu ermitteln. In Rotterdam endete die Partie 2:2 und der Münzwurf sollte das Spiel entscheiden. Die

Münze blieb aber senkrecht im Rasen stecken und so verschob sich die Entscheidung um einen weiteren Wurf. Die Katastrophe nahm ihren Lauf, die Münze flog hoch, landete auf dem Grün und die Engländer durften jubeln. Wieder war der FC der Verlierer. In meinem Leben verläuft es sich ähnlich, vielleicht fühle ich mich deshalb auch dem Verein aus Köln so verbunden. Beide haben wir Erfolge, doch die zweiten Plätze überwogen in unserer Zeit. Ich selbst nenne mich immer Mann der 80%. Ich fühle mich als Allrounder, habe ein großes Allgemeinwissen und bin sportlich bei vielen Sportarten gut dabei gewesen. Doch war ich nie in irgendeiner Sache ein Spezialist und darum auch nie ganz vorne als Nummer eins. 80% reichen im Leben allgemein aus um bei all den Dingen die auf einem zukommen gut auszusehen und so bin ich bisher immer gut gefahren. Doch ganz vorne war ich auch nie. Gute Schulnoten, gute Abschlussprüfung in der Ausbildung, gute Meisterprüfung und gute Zwischenzeugnisse. Doch nie hat es bei mir für ein sehr gut gereicht. Hundert Wettbewerber bei einer Verlosung von Einreichern der Unternehmensverbesserungsvorschläge nahmen an dem Event teil. Einer durfte sich Gewinner nennen und den Kleinwagen der Marke VW an diesem Abend sein nennen. 98 Konkurrenten waren schon ausgeschieden. Jetzt stand ich mit einem anderen Werksangehörigen auf der Bühne vor einem großen Publikum. Wir aßen vorher gut und schauten uns die organisierte Show an. Der Höhepunkt des Abends war den Sieger des Autos zu ermitteln. Meine Frau war total nervös und trank ein Sekt nach dem anderen und wer war der 2. Sieger? Natürlich gewann der Mitarbeiter neben mir das Auto und ich nahm mit dem zweiten Platz vorlieb. Das war nur ein Beispiel, aber insgesamt wurde ich mit zweiten Plätzen in meinem Leben überschüttet. Mir wären fünfte oder sechste Ränge lieber gewesen, wenn ab und zu mal der erste Platz von mir besetzt geworden wäre. Ich möchte mich nicht beschweren, denn ich hatte bis zu meiner Diagnose ein schönes und erfolgreiches Leben. Ich hätte gerne so weiterleben können, doch der Allmächtige hat sich für mich einen anderen als von mir geplanten Weg ausgedacht.

Mittlerweile stehe ich vor der eigenen Haustür und habe richtig Probleme mit der linken Hand meinen Haustürschlüssel aus der linken Hosentasche zu zaubern. Ich habe dabei immer ein wenig Angst, die Nachbarn sehen mich dabei, wie ich versuche den Schlüssel aus der Hose zu fischen. Mein Verstand hofft, dass der Krankheitsverlauf irgendwann gestoppt werden kann, mein Herz weint nur noch und ich habe Angst die Demenz kommt auch irgendwann noch dazu. Auch mein linkes Bein bekomme ich jetzt nicht mehr ruhig. Am Esstisch sitzend zittert es nun unaufhörlich und ist außerhalb meiner Kontrolle. Ich merke, wie mir in letzter

Zeit immer häufiger Sachen, wie das Handy oder die Gabel aus der Hand fallen. Mein Krankheitsbild verschlechtert sich fortlaufend und ich spüre, wie mir die Zeit davonschreitet. Nachts liege ich im Bett und der rasende Zug der Gedanken durchfährt mein Gehirn. Nur die mir Gleichgesinnten kennen meine Situation und wissen was ich erlebe. Einfach selbst hilflos zuzusehen müssen, wie die Krankheit immer mehr die Oberhand über mich gewinnt, ich absolut machtlos es über mich ergehen lassen muss, ist für mich, der Probleme immer zu lösen wusste nicht einfach.

Meine Frau und ich fuhren mit unserem Akita Samu letzten Sonntag in den Wald. Es war ein wunderschöner kalter Märztag. Die Sonne schien vom blauen Himmel auf uns herunter und Samu, der das Autofahren abenteuerlich liebt, erfreute sich auf die kurze Strecke bis in die Hohe Mark. Für die zwei Kilometer lange Strecke über den Wesel-Datteln-Kanal und der Lippe bis zu unserem Ziel, benötigten wir wegen zwei Rotphasen an den Kreuzungen knappe fünf Minuten. An einer der beiden Straßenabschnitten wartete ein älteres Pärchen auf Grün an der Fußgängerampel. Meine Liebste schaute sich das Paar an und machte mich auf den Rollator des Herrn aufmerksam. Irgendwann würde auch ich evtl. solch eine Gehhilfe benötigen war ihr Kommentar. Natürlich kenne ich meinen zukünftigen Krankheitsverlauf. Mir ist auch bewusst, dass ich schneller als ich dachte, einen Rollator besitzen würde und trotzdem hat der Kommentar von ihr gesessen. An nichts Böses gedacht und rumms mit dem ersten Schlag ausgeknockt worden. Niemand kann sich vorstellen, was ich in solchen Augenblicken denke. Ich möchte wieder normal sein, mich ganz normal bewegen, nicht mehr zittern und meine Fähigkeit wiedererlangen, mich voll konzentrieren zu können. Die ewige Müdigkeit verscheuchen und mich wieder mit einem lächelnden Gesicht unter den Mitmenschen bewegen können. Die Leute um mich herum, denken ich wäre immer ernst und schlecht gelaunt, dem ist aber nicht so. Meine Gesichtszüge fallen immer mehr der Schwerkraft zum Opfer und ich sehe mir gegenüber einem miesgelaunten Kerl im Spiegelbild. Mit Anfang zwanzig noch, musste ich überall meinen Ausweis vorzeigen. In den Discos, im Supermarkt beim Einkauf von alkoholischen Getränken und an der Kinokasse bei Filmen die nur Erwachsene sehen durften. Ich sah wesentlich jünger aus, als ich in Wirklichkeit war. Im Wartezimmer meines Hautarztes in Gelsenkirchen-Horst wartete ich mit meiner damaligen Freundin Sonja auf den Aufruf endlich ein Muttermal am Hals entfernen lassen zu können. Uns gegenüber saß eine junge Mutter mit ihrem vielleicht vierjährigen Kind. Der kleine Kerl schaute mich die ganze Zeit an und rief dann ziemlich laut zu seiner Mama, dass dort ein Kind mit Bart sitzen würde.

Der Kleine verglich mich in diesem Moment mit einem Kind, weil ich so jung aussah. Zuhause angekommen war meine erste Handlung der Gang ins Badezimmer und rasierte mir den Flaum über der Oberlippe ab. Mit dreißig Jahren, in der Form meines Lebens, sehen meine Bilder wie Fotomontagen aus. Auf den muskelbepackten Körper eines Mannes, saß der Kopf eines Jugendlichen. Heute sieht die Lage anders aus. Die Krankheit, die Wechselschicht und der Schlafentzug haben mich gezeichnet. Niemand würde mir mehr glauben, wenn ich mich jünger reden würde als ich bin.

Mit dem Wohnmobil unterwegs, überfällt mich nach zwei Stunden Fahrt die Müdigkeit so sehr, dass ich nicht weiterfahren kann. Da ich aber ein schlechter Beifahrer bin, schlafe ich dann trotzdem nicht, wenn meine Frau hinter dem Lenkrad sitzt. Ich habe festgestellt, dass wenn ich die nötigen Medikamente morgens nicht einnehme, mich die Müdigkeit dann nicht so schnell überfällt und so lasse ich die Tabletteneinnahme am Morgen ausfallen und hole diese am Nachmittag nach. Mit dieser Vorgehensweise schaffen wir eine Strecke von fünfhundert oder sechshundert Kilometer an einem Tag zu fahren. Die Planungen und die Vorfreude auf die Urlaube mit dem Wohnmobil lassen mich die dunklen Zeiten überstehen. Ich plane meinen Urlaub auf der Arbeit so, dass ich oft auf große Fahrt gehen kann. Doch dieses Jahr macht die Corona-Pandemie uns einen Strich durch die Rechnung. Kein Mensch kann vorrausagen, wann der Virus bekämpft und besiegt sein wird und so steht unser Wohnmobil in der Einfahrt und staubt vor sich hin. Keine Fahrt in den Urlaub, keine Fußballbundesliga oder Amateurspiele und auch keine Trainingseinheiten im Gym sind derzeit erlaubt. Wir sitzen hier und warten auf den Aufruf, dass ein Impfstoff den COVID-19 Virus lahmlegen kann. Die Fragen, die ich mir in diesen Tagen stellte, waren die, ob wir als Risikopatienten den Virus überleben und was geschieht in einem halben Jahr. Dies ist das Leben und kein Hollywoodstreifen mit Happy End. Das Leben kennt kein schnulziges glückliches Ende, es ist grausam und schlägt in jeder Situation voll zu. Die Serie The Walking Dead läuft seit einigen Jahren erfolgreich über die Bildschirme des Globusses. Viele meiner Bekannten und Kollegen lachten über die Pandemie und den Zombies made in Hollywood. O.k. die Zombies denken wir uns mal weg, den Rest erleben wir heute live mit und ich hoffe nicht, es endet wie im Fernsehen. Es gibt zurzeit auch Verschwörungstheorien über den Virus. Wie in Dan Browns Roman Inferno könnte ein tödlicher Virus von uns selbst auf die Menschheit losgelassen worden sein. Nur so könnte die Überbevölkerung des Planeten gestoppt werden. Zum jetzigen Zeitpunkt habe ich keine Ahnung was auf uns zukommen wird, doch ich befürchte, dass es fast jeden Menschen in dichtbesiedelten Flächen der Erde treffen wird. Die Frage wird nur die sein, wer überlebt die Lungenkrankheit. Sollte ich in meiner Schrift an irgendeiner noch folgenden Stelle nicht mehr weitergeschrieben haben, dann habe auch ich den Kampf gegen das Virus verloren. Tagtäglich senden die Nachrichtensendungen Bilder aus China, Italien oder Spanien. Dort lagen die Toten auf der Straße und wurden in abgeschotteten Räumen übereinandergestapelt. In Italien wurden Schwersterkrankte gar nicht mehr in den überfüllten Hospitälern aufgenommen, nur noch Patienten, die eine gute Überlebenschance vorweisen konnten, bekamen das Vorrecht in den Krankenhäusern behandelt zu werden. Unzensierte heimlich ins Internet gestellte Videosaufnahmen zeigten das ganze Ausmaß in China. Die Regierung dort wollte den Ausbruch nicht veröffentlichen und ging rigoros gegen die eigene Bevölkerung vor. Eingesperrt mit von außen verbarrikadierten Türen und Fenstern wurden die Menschen, die den Corona-Virus in sich trugen, eingesperrt und sich selbst überlassen. Auch in Deutschland breitete sich der Virus mit Überschallgeschwindigkeit aus und mit 29000 Infizierten am 23. März 2020 standen wir noch am Anfang der Pandemie. Die Bürger hamsterten in den Supermärkten die Regale leer und bereiteten sich auf das

Schlimmste vor. Andere Mitmenschen, wie viele Jugendliche nahmen den Virus nicht ernst und mischten sich weiter unter den Bürgern oder feierten Partys. Auch hier schaute der Gesetzgeber viel zu lange zu bis er handelte. Die Angst in mir, am nächsten Morgen mit Halsschmerzen, Husten oder Fieber zu erwachen war riesig und trotzdem musste ich in die Öffentlichkeit, um Nahrung einkaufen zu gehen. Ich weiß nicht wieviel Leid mir noch auf die Schultern gepackt wird, doch war die Last, die ich in den letzten Wochen und Monaten tragen musste, zu schwer für mich gewesen. Der Stressfaktor hat mein Limit überschritten und ich wurde durch meine Ärztin erst einmal für zwei Wochen arbeitsunfähig geschrieben. Trotz des Stresses und den schlaflosen Nächten, hatte ich gegenüber meinem Arbeitskollegen ein schlechtes Gewissen. In diesen Tagen im Frühjahr 2020 spürte ich wie die psychische Überlastung die physische Funktionalität beeinflusste. Zum ersten Mal wurde ich wegen psychischer Instabilität ausgelöst durch den Stress in der letzten Zeit krankgeschrieben.

Die Zeiten waren für mich hart, doch gab es auch Augenblicke, die mich glücklich machten. Jedes Mal, wenn unser Hund mich mit seiner Nase anschubst, um mich auf irgendetwas aufmerksam zu machen, werde ich mit Glückshormone zugeschüttet. Auch das Lächeln meiner Frau machte mich glücklicher. An Training, das mich bisher immer glücklich gemacht hatte, war längst nicht mehr zu denken und niemand konnte sagen, wann wir wieder zum Eisenstemmen ins Gym durften. Der Muskelabbau war trotz der Expander und Liegestützübungen im vollen Gang gewesen. Was wird aus meiner Familie? Sehe ich nach der Pandemie alle meine Freunde und Bekannte wieder? Wie überstehe ich das Ganze? Behalte ich im Unternehmen meinen Job? Alles Fragen die mich beunruhigen und deren Antworten ich nicht kenne. Zum Sterben bin ich nicht bereit und fühle mich noch viel zu jung, um abzuleben. Es sind noch so viele Türen zu öffnen und Räume zu betreten. Ich habe noch Wünsche und Ziele, die ich realisieren möchte. Das Handicap meiner Krankheit auf den Schultern belastet mich schwer, doch trotzdem kämpfe ich gegen die Zeit und versuche noch die gesteckten Ziele zu erreichen. Ein Bodybuilder werde ich nicht mehr und genauso wenig gesund. Trainieren werde ich bis zu meinem Ende mit Leidenschaft, aber nicht mit der Motivation früherer Jahre. Ich ein Kind aus dem Ruhrgebiet, das Herz am richtigen Fleck, ehrlich und hart arbeitend, hilfsbereit und für sich selbst aufkommend, lebe in meinen Erinnerungen. Nicht nur das ich hart gearbeitet oder hart zu mir selbst gewesen bin sind Eigenschaften, auf die ich jetzt zurückblicke. Oft genug konnte ich nicht über meinen eigenen Schatten springen und meine Frau bekam die ganze Härte von mir zu spüren. Es tat mir hinterher oft leid und ich versuchte mich zu entschuldigen, doch es gab und gibt Situationen im Leben, die benötigen Härte und eine klarvorgegebene Richtlinie, an der man sich selbst und alle Mitmenschen halten sollten. Mit der Hochzeit wurde ich Vater. Ich lernte unsere Tochter in ihrer Kindheit im Alter von 8 Jahren kennen. Wir hatten einen guten Anfang, ich ihr Herkules und sie, das kleine Mädchen mit den goldlockigen Haaren. Doch je länger und intensiver die Beziehung von meiner Traumfrau und mir wurde, desto angespannter wurde das Verhältnis zur Tochter. Wir zogen zusammen und heirateten. Das Glück schien perfekt, bis die ersten dunklen Wolken aufzogen und die kräftigen Gewitter die Luft versuchten zu reinigen. Es kam die Zeit über die Familie als der Monsunregen kam. Das Unwetter hörte einfach nicht auf, an Sonne und blauen Himmel dachten wir nicht mehr. Sogar der nächtliche Sternenhimmel blieb uns versehrt. Die Sturheit unserer Tochter, meiner Frau`s Ohnmacht und meine Härte trugen dazu bei. Mehr als einmal stand eine Trennung im Raum. Sie hatte sogar schon den Mietvertrag für eine eigene Wohnung unterschrieben. Die Schuld nur auf eine Person zu schieben wäre zu leicht gewesen. Auch bin ich heute nicht bereit mir den größten Teil der Schuld zuzuschreiben. Wir waren ein Trio und so fällt mit Sicherheit jedem der Beteiligten ein gleichgroßer Anteil zu. Ich hatte meine Regeln, mit denen ich lebte und meine Frau und Stieftochter sollten sich dieser Ordnung annehmen. Unter anderem gehörten Schulaufgaben und das Üben für Klassenarbeiten dazu. Der Kleinen gefielen diese Regeln aber nicht und so versuchte ich mich durchzusetzen. Um die Schule kümmerte ich mich am meisten und so unterlag es meiner Aufsicht, dass sie sich an diese Regel hielt. Doch sie verschwieg oft Klassenarbeiten, machte ihre Hausaufgaben nicht vollständig und schwänzte öfter Fächer wie Sport zum Beispiel. Dieses Verhalten wollte und konnte ich nicht durchgehen lassen und wir stritten, ohne an die Verluste zu denken. Wenn ihre und meine Vernunft einen Waffenstillstand aushandelten und wir gemeinsam für die Schule übten, gab uns der bestätigte Erfolg bei den Klassenarbeiten recht. Ich versuchte sie oft mit ihrem Stolz zu packen, doch ging ich die Sache vielleicht auch zu hart und zu unnachgiebig an, um dauerhaft erfolgreich sein zu können. In ihrer Pubertät kamen noch ältere Jungen aus der Nachbarschaft, die Zigaretten und ab und zu der Alkohol dazu. Meine innere Regel erlaubte keinem dreizehnjährigen Mädchen Zigaretten oder alkoholische Getränke und fremde Jungs allein ins Haus zu holen, war für mich auch ein Tabu. Es war einfach meine Pflicht auf die pubertäre Jugendliche zu achten. Sie belog und hinterging uns in dieser Zeit ständig, der Unterschied zwischen meiner Frau und mir war, dass ich es merkte und sie es nicht merken wollte. Mit dem heutigen Wissen und der jetzigen Erfahrung könnte ich ganz anders mit solch einer Situation umgehen. Niemand kann die Zeit zurückdrehen, wir alle können nur vorwärtslaufen, deshalb müssen wir mit dem Leben, was wir in der Vergangenheit daraus gemacht haben. Ich könnte hier viele Dinge aufzählen, die mir nicht gefallen haben, genauso gut können meine Frau oder unsere Tochter mir ebenso viele Prozeduren an den Kopf werfen. Mit ihrem Auszug verbesserte sich unser Verständnis zueinander und ich hoffe, sie vergibt mir meine Fehler, die ich mit ihr produziert habe. Die Zeit heilt bekanntlich alle Wunden und auch meine Erinnerung an den Gründen der vielen Streitereien und unnötig geführten Diskussionen verblassen immer mehr. Vielleicht sollten wir mehr an die schönen gemeinsamen Episoden aus unserer Vergangenheit denken. Als sie mit 8 Jahren mit uns in den Film Titanic durfte und der Angestellte im Kino in Essen ihr den Einlass verwehrte. Der Film war erst ab zwölf Jahren zugelassen. Meine Hartnäckigkeit und Überredungskunst schafften es, dass sie ihr Idol Leonardo di Caprio an diesem Abend auf der Leinwand verfolgen konnte. In der Türkei beim Rafting rettete ich ihr nach eigenen Aussagen das Leben. Sie war zehn Jahre alt und ich erklärte meiner Frau, dass es nach meiner Meinung zu gefährlich für unsere Tochter sei dort das Rafting aktiv mit zu begleiten. Dieses Mal blieb ich nicht hart und wurde kurz danach bestätigt. Meine Frau in ihrem großen luftgefüllten Traktorreifen war nicht mehr im reißenden Strom zu sehen und ich hatte die kreischend fluchend weinende Tochter im Schlepptau. Ich band ihren Reifen an meinem und erklärte ihr was zu tun sei. Rechts paddeln war mein Kommando, sie paddelte links. Rief ich ihr zu links paddeln, tauchte sie die rechte Seite unter. Um die Stromschnellen zu überstehen und wir beide nicht kenterten, benötigte es meiner ganzen Kraft und meines ganzen Geschickes. An den Felsbrocken stieß ich mir noch den rechten Ellenbogen auf und blutete die komplette Reststrecke bis zum Erreichen des Ziels. Völlig erschöpft und abgekämpft holten wir am Flussufer sitzend Luft und ich sah, wie ein etwa siebenjähriger Junge mit seinem Vater seelenruhig aus dem Gewässer ans Ufer steigt. Mit dem Finger auf ihn zeigend, sprach ich meine Tochter an. Warum sie so unbeherrscht und unkontrolliert auf dem Fluss geschrien habe und der kleine Junge die Ruhe selbst war. Ihre Antwort brachte mich zum Lachen. Er wäre ja erst sechs Jahre alt und ihm die Gefahr nicht so bewusst wie ihr gewesen. Mit sechs Jahren hätte sie auch noch nicht geschrien. Trotzdem versuchte ich sie immer wie eine leibliche Tochter zu unterstützen, egal ob in der Schule, vor Gericht oder bei ihren Bewerbungen. Es war ein Samstag und das Revierderby stand an. Die Blauen aus

Gelsenkirchen waren zu Gast in Dortmund. Da der FC nicht zur gleichen Zeit spielte, wollte ich mir das Match am Nachmittag im Fernsehen anschauen. Da ich Samstagmorgen erst gegen sieben Uhr nach der Nachtschicht ins Bett ging, verließ ich dieses auch erst gegen dreizehn Uhr. Eine Minute später klingelte das Haustelefon. Unsere Tochter in Panik erklärte mir, dass sie versucht hatte ihre Wohnung zu streichen und dieses Vorhaben missglückt sei. Eine Stunde später stand ich in Bochum in ihrer neuen Altbauwohnung und inspizierte das Dilemma. Am Ende wurde es zwei Uhr in der Nacht als ich wieder zuhause in Marl ankam und die komplette Wohnung fertig verspachtelt, die Raufaser ausgebessert und gestrichen war. Das Derby gewann übrigens Dortmund, aber das war mir egal. Heute als ausgebildete Kauffrau für Bürokommunikation, kurz vor der letzten Prüfung als Betriebswirtin, ist sie verheiratet, steht fest im Beruf und auf eigenen Beinen. Es fehlen nur noch unsere Enkelkinder.

Nicht nur meine Frau und unsere Tochter haben meine harte Seite kennengelernt, auch meine erste Partnerin Sonja hat unter meiner Art gelitten. In den zehn Jahren, in der wir beide in einer Partnerschaft lebten, gab ich das Kommando vor. Nicht das ich sie absichtlich unterdrücken wollte, aber sie war eine eher zurückhaltende, sich unterwerfende Frau. Mit siebzehn Jahren lernte ich sie damals als Jugendlicher kennen. Sie wohnte bei

ihren Eltern in Gelsenkirchen-Horst in einer Altbauwohnung. Sie war die dritte Tochter von vieren. Mit
dem Moped fuhr ich zu dieser Zeit immer in die Disco
nach Gelsenkirchen-Buer. Dort lernten wir uns kennen.
Sie absolvierte gerade ihre Ausbildung zur Frisörin und
ich die als Chemiefacharbeiter. In den Achtzigern gab
es unter uns Heranwachsenden mehrere Gruppierun-
gen die On Vogue waren. Es gab die Punks, die Popper,
die Skinheads, die Rockabillys und die Normalos. Sonja
und ich gehörten der New Wave Gruppierung an. Wir
hörten die Musik von Depeche Mode, The Cure, Billy
Idol, Sisters of Mercy und von vielen guten anderen In-
dependence Bands. Noch heute habe ich meine Schall-
plattensammlung von etwa hundert Alben zusammen-
gehalten. Meist kleideten wir uns in schwarz. Die
Klamotten der damaligen Mode kauften wir in kleinen
Läden, dle es verteilt im Ruhrgebiet gab. Importiert mit
den Aufdruck Made in England investierten wir unser
Lehrgehalt in diese Kleidung, um aufzufallen. Auch unsere Frisuren waren extravagant. Robert Smith, der
Leadsänger von the Cure war für viele New Waver in
Sachen Haarschnitt in der Vorbildfunktion. Ich persön-
lich trug in diesen Tagen die Frisur eines Irokesen. Mein
Profil sah dem des Modelabels Diesel sehr ähnlich. Wir
machten die Discotheken des Ruhrgebietes und des
Münsterlandes unsicher. Im Rückblick muss ich mir ein-

gestehen, dass es eine sehr schöne Zeit gewesen ist. Irgendwann war die Episode aber dann auch vorbei, meinen Musikgeschmack habe ich aber beibehalten. Nun ausgelernt, haben wir unser verdientes Geld in schöne Autos und in vielen Urlaube gesteckt. Zuerst ging es nach Spanien, dann Gran Canaria und Hawaii. Wir besuchten öfters die USA und frischten nebenbei unsere Englischkenntnisse auf. Wir lebten in die Zeit hinein und merkten gar nicht, wie wir uns auseinandergelebt hatten. Als wir uns endlich entschieden hatten zusammenzuziehen, kam das Chaos über uns. Der Tag der Wohnungsübernahme war da und wir wurden uns nicht einig. Ihre Katze sollte mit der Erlaubnis der Mutter zuhause bleiben, doch ihr Vater spielte da nicht mit. Ich blieb hart, entweder die Katze oder ich. Wir stritten und diskutierten und ich sagte die schon zugesagte Mietwohnung wieder ab. Daraufhin nahm sie sich eine eigene Wohnung allein und ich fuhr hartnäckig meinen selbstgewählten Weg weiter. Der gemeinsam geplante Urlaub entfiel und wir trennten uns. Wir trafen uns später noch, sie schnitt mir noch Jahre später die Haare, doch das Porzellan war zerschlagen und konnte nicht mehr gekittet werden. Mittlerweile hatte ich eine Wohnung in Marl-Drewer von meinem Arbeitgeber bezogen und genoss das Junggesellenleben. Dies war die Zeit, in der ich mich mit jeder Minute des Tages auf das

Bodybuilding konzentrierte. Der nur halbgefüllte Kleiderschrank wurde mit Kleidung, überwiegend von Uncle Sam aufgefüllt. Die Trainingseinheiten wurden auf sechs in der Woche erhöht und ich baute richtig Muskelmasse auf. Nebenbei plante ich meinen Erwerb einer einer Immobilie. Diese Phase meines Lebens war meine Erfolgreichste. Meine Weiterbildungsmaßnahme schloss ich mit bestandener Prüfung ab. Dem Anstellungsvertrag als Industriemeister Fachrichtung Chemie stand erst nichts entgegen. Es sollte trotzdem wegen Meinungsverschiedenheiten in der oberen Führungsebene noch zwei Jahre dauern, bis ich meine Unterschrift auf den Vertrag setzen durfte. Einen weiteren Kontrakt unterschrieb ich kurz danach und der Notar beglückwünschte mir zum Erwerb eines kleinen Baugrundstückes in Marl-Sickingmühle. Die zweite Unterschrift setzte ich am gleichen Tag auf den Vertrag des Bauunternehmers und ein Jahr später bezog ich meine eigene Doppelhaushälfte. Ich hatte zu diesem Zeitpunkt fast alle meine Ziele realisiert, es fehlte nur noch die Bäuerin auf dem Hof. Ich suchte zwar keine Beziehung, war aber für eine richtige Partnerschaft offen. Das Singleleben beendete ich dann an dem Karnevalswochenende 1998. Meine Traumfrau und ich liefen uns über den Weg und ich war danach in festen Händen. Eineinhalb Jahre später standen wir vor dem Traualtar des Standesamtes in Marl und gaben uns das Ja-Wort.

Da ich ein Kontrollfreak bin, eine Person, die immer die Zügel in den Händen haben will, alles unter Kontrolle haben und führen möchte, komme ich jetzt mit dem ohnmächtigen Zusehen und Erleben meiner Krankheit nicht klar. Es ist so furchtbar und unerträglich mitanzusehen müssen, wie der eigene vorher so gut funktionierende und von vielen beneidete Körper praktisch zerfällt. Nicht das mir die Muskelmasse mit jedem Monat weniger wird, nein auch die Funktionsstörungen durch die auslassende Dopaminproduktion in meinem Gehirn machen mir schwer zu schaffen. Ich sitze zum Beispiel am Tisch und kann das Zittern des linken Beines nicht abstellen. Mein Gehirn gibt als Oberbefehlshaber das Kommando weiter, aber die ausführenden Soldaten, in diesem Falle mein Dopamin, laufen nicht los, um den Befehl in die Tat umzusetzen. Die schlimmsten Situationen ergeben sich, wenn ich nervös und unter Anspannung stehe. Spielt der FC und ich schaue zu, kann ich meine Zuckungen nicht mehr unter Kontrolle bringen. Meine linke, noch ein wenig durchtrainierte und mit etwas mehr Volumen ausgestatte Brusthälfte, springt dabei gefühlte zwei Zentimeter hin und her. Es sieht aus, als wenn mir jemand Strom durch den Körper jagd. Meine selbstgestellte Konsequenz, der Besuch im Stadion oder das Mitfiebern am Fernseher bleiben aus. Auch mit dem Tod beschäftige ich mich in letzter Zeit immer öfter. So habe ich alle Papiere und Anweisungen für den Fall der Fälle erledigt. In meinen Unterlagen liegen meine Wünsche, wie die Vorsorgevollmacht, die Patientenverfügung, die Beerdigungsverfügung, mein Testament und ein Schriftstück, dass alle geschäftlichen Dinge genau erklärt, bereit. Welche Verträge nach meinem Tod weiterlaufen und welche gekündigt werden können, habe ich genau aufgelistet. Seit mein bester Freund R am 19. Februar 2014 mit 58 Jahren an Krebs gestorben ist, begleitet mich der Tod in meinen Gedanken. Mir wurde bewusst, dass wir alle sterblich sind und der Mensch nicht nur an Altersschwäche stirbt. Nicht zu rauchen und dem Alkohol zu umgehen sind keine Garantien, nicht auch früh dem lieben Gott grüßen zu können. Bis zu R`s Tod, habe ich außer bei meinen Großeltern mit dem Verlust des Lebens in meinem Umfeld nicht viel mitbekommen. Doch jetzt klopft der Gedanke vom Sensenmann wegen meiner Krankheit und die Krebsvorfälle in meiner Familie immer öfter in meinen internen Szenarien bei mir an der Tür an. Es wird der Tag kommen und er wird den ersten von mir geliebten Menschen mit zu sich nehmen. Ich persönlich spüre, dass ich nicht an Altersschwäche sterben werde, ich hoffe nur, dass meine Frau dann noch bei mir ist, denn ein Leben ohne sie, kann ich mir nicht mehr vorstellen, geschweige denn überhaupt bewerkstelligen. Meine Frau und ich gehören einfach trotz der ganzen Tiefen, aber wegen der vielen Höhen zusammen. Wie meine Beine und Arme zu mir gehören, so ist sie auch ein Teil von mir.

Es gab aber auch Zeiten, in der ich den Zweck unsere Ehe weiterzuführen bezweifelte. Die ständigen Diskussionen um des Kaisers Bart war und bin ich leid. Wie oft redeten wir einander vorbei, hörten dem Partner nicht richtig zu und deshalb kommt es immer wieder zu Missverständnissen und Streitereien. Natürlich gibt es in jeder Partnerschaft Höhen und Tiefen. Das Schiff durch den stürmischen Wellengang in den sicheren Hafen zu schippern bedarf es dann von beider Seiten Einsicht und den Willen die Partnerschaft aufrecht erhalten zu wollen. Viele Nächte lag ich deswegen wach und fragte mich selbst, wie es weitergehen sollte. Manchmal weiß ich einfach nicht weiter. Den ganzen Stress, der bei den unnötigen Diskussionen entsteht, ertrage ich nicht mehr. Ich spüre dann, wie sehr sich mein Gesundheitszustand verschlechtert und die Krankheit die Oberhand über mich gewinnt. Ich muss mich dann immer in meine Höhle zurückziehen und in mich kehren. Nur die absolute Ruhe, die ich mir gönne, schafft es mich so zu beruhigen, dass ich wieder normalzitternd aufnahmefähig bin. Ich verstehe die ganze Aufregung sowieso nicht. Die Gedankengänge meiner Frau und auch ihre unbegründeten Ängste sind völlig unbegründet. Wir reden immer um den heißen Brei herum und das ärgert mich wahnsinnig. Ich kümmere mich zu wenig um sie, ich wäre ihr gegenüber nicht großzügig, was wird sein, wenn ich nicht mehr da wäre, ich rede zu wenig mit ihr, ich liebe sie nicht mehr und sie wäre mir egal, noch hundert solcher Vorwürfe könnte ich benennen, möchte aber nicht weiter darauf eingehen. Genauso viele Gegenargumente habe ich aber auch um diese Behauptungen entgegenzuwirken. Wir wünschten uns zum Beispiel ein Wohnmobil, wir erwarben eines und zwar ein neues Wohnmobil. Der Betrag wurde in Bar überwiesen und sie behauptet nur ein paar Tage später, ich wäre nicht großzügig zu ihr. So war es bei Geburtstag und Weihnachtsgeschenken auch, egal was ich ihr schenkte, die Enttäuschung war ihr ins Gesicht geschrieben. Komme ich abends hundemüde und erschöpft von der Arbeit, möchte ich nur noch meine Ruhe haben. Frauen müssen aber täglich Ihre achttausend Wörter loswerden, sonst sind sie unbefriedigt. Sie spricht dann auf mich ein und ich spüre die Niagarafälle auf mich zuströmen. Sie versteht es nicht, dass ich nach dreizehn Stunden im Chemiepark nur noch meine Ruhe haben möchte. Im Gegenteil, schlechte Laune wird mir dann vorgehalten und die Diskussionen können beginnen. Wir wohnen in einem schönen Haus in bevorzugter Wohnlage in Marl und ich versuche ihr ein schönes Zuhause zu geben. Investiere auch ständig in den letzten Jahren für Renovierungen und sie meint, es wäre alles nur für mich selbst. Sollte ich sterben besagt mein handgeschriebenes datiertes Testament, dass ihr alles bis auf einen ganz kleinen Teil meines Besitzes zugesprochen werden soll. Weshalb dann ihre Angst und Verzweiflung? Ich verstehe es nicht. Finanziell geht es uns bisher ganz gut. Sie ist also abgesichert. Ich liebe sie. Helfe beim Großteil der Haushaltsführung. Ich bin wieder im Reinen mit unserer Tochter und trotzdem wirft sie mir meine vor zwanzig Jahren gemachten Fehler immer wieder vor. Das macht mich oft rasend vor Wut und dann überlege ich mir, wie es wäre allein zu leben. Ich weiß, dass sie unzufrieden mit ihrem jetzigen Leben ist. Doch aus dem Loch, in dem sie steckt, muss sie sich mit anstrengen, um dort wieder herauszukommen. Ich habe fast aufgegeben zu versuchen ihr zu helfen. Ich habe auch den Eindruck, sie möchte gar nicht von mir geholfen werden. Ich gehe schwer gezeichnet durch meine Krankheit auf Wechselschicht arbeiten damit der Lebensstandard erhalten bleibt und sie versteht meine Einstellung nicht. Nur für unseren Akita Samu macht sie alles. Dreistündige Waldspaziergänge mit ihm sind Standard. Seit ich mit der hohen Belastung nicht mehr klar komme, kümmert sie sich zu meiner Freude um das Essen. In der Küche gab es somit einen Wachwechsel. Sie fragt mich wegen ihrer Probleme, ich antworte und sie hält sich nicht an meinen Rat. Gibt aber jemand aus ihrem Umfeld den gleichen Tipp, wird er von ihr beherzigt. Ich stehe dann immer wie ein nasser Pudel da und ärgere mich. Oft ist es so, dass ich sie in den Arm nehmen möchte, ärgere mich aber über irgendetwas und schaffe es dann einfach nicht lieb zu ihr zu sein. Wenn man dann auch noch gesagt bekommt, sie würde mich nicht noch einmal heiraten, fragt man sich, hat es alles überhaupt noch einen Wert an die Ehe festzuhalten. Alt miteinander wollten wir werden. Krank und angeschlagen bin ich geworden und ob ich alt werde, weiß ich nicht. Manchmal sind die Liebe und der Hass miteinander verbunden und wir beide leben beide Seiten aus. Wir machen uns das Zusammenleben eigentlich selber schwer. Vernünftigerweise sollten wir uns bei Unverständnis untereinander besser zusammenreißen und eine unnötige Diskussion aus dem Wege gehen. Gesprochenes aus der Wut heraus kann nicht mehr rückgängig gemacht werden und später tut einem das Gesagte leid. Wir sollten uns zum Beispiel an die schöne Zeit der Urlaube erinnern. Durch ihre Jobs in der Reisebranche waren wir immer vorteilhafter als die anderen Touristen in der Welt unterwegs. Wie viele Länder und Städte konnten wir durch ihre unendliche Geduld bei der Suche der Urlaubsdestinationen besuchen und die Zeit genießen. Das sind die Episoden in unserem Leben die ich unter anderem so vermisse. Sich an das Schöne gemeinsam zu erinnern und dadurch wieder die Kraftreserven aufzufüllen.

Diese vielen Sätze habe ich nur für den Fall geschrieben, dass, wenn ich wirklich den bitteren Gang der Demenz nehmen muss, mir aus meiner Familie jemand die Zeilen vorlesen kann. Ich glaube nicht, dass es außer mir, noch irgendeine andere Person interessieren wird, wie es mir ergangen ist. Ich hoffe aber, von der Vergesslichkeit verschont zu bleiben und es nicht nötig sein wird, dass mir dieser von mir erfasste Text vorgelesen wird. Bei Parkinsonpatienten ist die Möglichkeit von der Demenz befallen zu werden, sechs Mal höher als bei gesunden Menschen.

Bei uns im Studio trainierte ein Mann seit den Achtzigern. Ich nenne den Namen hier bewusst nicht, denn ich kann nicht wissen, ob es ihm recht wäre hier erwähnt zu werden. Ich beschreibe ihn einfach mit P. Also P legte große Aufmerksamkeit auf sein Äußeres. Er war etwa zwanzig Jahre älter als ich und ich sah ihn eine Zeitlang oft in unserem Unternehmen. Auf der Nachtschicht bei meinen Rundgängen ins Tanklager, kam P mir oft entgegen. Er hatte die gleiche Position wie die meine im Chemiepark, nur besetzte er diese Stelle wesentlich länger als ich. P arbeitete im Chemiepark für den Betrieb, der meinem Arbeitsplatz gegenüber lag. Stolz mit geradem Gang und ziemlich selbstbewusst ging P seines Weges. Er hatte eine schnelle Auffassungsgabe und war sehr klug. Die anderen Mitarbeiter klopften bei unlösbaren Problemen bei ihm an und befragten ihn wegen mögliche Lösungsansätze. Auch im Studio trainierte er drei oder vier Mal die Woche. P wusste zu überzeugen und sich nach außen gut zu verkaufen. Mit dem Vorruhestand fingen bei ihm die Schwierigkeiten an. Ein halbes Jahr nach dem Beginn seines Ruhestandes erzählte P mir, dass er Prostatakrebs hätte. Nun ja, mit Prostatakrebs kann der Mann noch lange leben. In diesem Fall sehe ich es so, dass das Leben wichtiger ist als der Sex und ich mich operieren lassen würde. So sah er es auch und lag später in der Chirurgie unter dem Messer. Später zog er sich immer weiter zurück. Unterhielt sich mit niemanden mehr und grüßte kaum noch. Er sah für andere unkonzentriert und irgendwie weggetreten aus. Einige Mitglieder unterhielten sich hinter seinem Rücken über ihn und stellten wilde Theorien über seinen Gesundheitszustand auf. Jedem war bekannt, irgendetwas stimmt mit P nicht. Es dauerte nicht lange und der einst so stolze Mann, der klug und wissend durch sein Leben ging, sich nur noch in sich zusammengefallen bewegen konnte. Sein Training war eine Katastrophe geworden. Keine Übung bekam er noch sauber hin und zum Schluss blieb nur noch das Ergometer, um wenigsten etwas Sport zu treiben. P erkannte uns nicht mehr richtig und benötigte mittlerweile Hilfe bei der Orientierung. Seine Frau begleitete ihn auf den Weg ins Studio und holte ihn wieder ab. Irgendwann war es dann so weit, P fiel beim Trampeln vom Ergometer und wurde ohnmächtig. Der Notarzt holte ihn ab und er betrat das Trainingscenter nie mehr. Kurz danach starb seine Frau. P nun schwerer Pflegefall, wurde von seinen Angehörigen in ein Pflegeheim abgeschoben. Das Letzte was ich vor einem halben Jahr über ihn erfuhr, war das, dass er wohl an Parkinson und Demenz erkrankte. Mir macht es richtig Angst, wenn ich darüber nachdenke, wie schnell P nicht mehr selbständig im Leben stehen durfte. Wie rapide die Krankheit, ohne mit der Wimper zu zucken über ihn Besitz nahm und ihn leiden lies. Ich bete, dass ich nicht den gleichen Weg genauso schnell beschreiten muss. Ich möchte nun mal nicht so enden. So viele Jahre sollten doch noch glücklich vor mir liegen. Heute bereue ich es, aus Egoismus, um besser und unabhängiger leben zu können, kein eigenes Kind in die Welt gesetzt zu haben. Meine Stieftochter wird sich nicht um mich kümmern, wenn ich alt, vergesslich und von dem Tremor gezeichnet bin. Meine Frau muss mich mit ihren sechs Jahren Vorsprung überleben. Statistisch gesehen, leben Frauen ja diese sechs Jährchen länger als die ungesünder lebenden Männer. Es müsste also passen. Meine Hoffnung beruht sich auf eventuelle Enkelkinder. Vielleicht kann ich bei meinen Enkeln alles richtig machen, was ich vorher falsch angepackt habe. Einmal noch den FC die Meisterschale holen und mindestens einen Enkel aufwachsen sehen sind, neben einem langen gesunden Leben meine Wünsche. Das Nest ist von meiner Seite hergerichtet und wir warten nur noch auf das Ei, welches wir dann behüten möchten. Fehler gehören im Leben dazu. Nur sollte man die Erfahrungen sammeln, gut verschließen, wenn nötig sich daran erinnern und es beim nächsten Mal besser machen. Meine Devise ist, begehe niemals denselben Fehler ein zweites Mal.

Woher kommt der Morbus Tremor? Niemand weiß es genau. In Frankreich ist das Schüttelfieber eine anerkannte Berufskrankheit in der Landwirtschaft. Viele Bauern, die jahrelang Pestizide auf ihren Feldern versprüht haben, sind an Parkinson erkrankt. Nur habe ich keine Pestizide angerührt. Vielleicht unbemerkt im Chemiepark mit einer Substanz in Berührung gekommen, die die Krankheit auslöste. Aber warum nur ich und niemand meiner Arbeitskollegen? Im Krankheitsverlauf besetzten Proteine die Dopamin ausschüttenden Nervenzellen im Gehirn. Könnte mein hoher Eiweiß und Aminosäuren Gebrauch dafür verantwortlich sein? Als Bodybuilder habe ich für den schnelleren Muskelaufbau Eiweißshakes und Aminosäuren zu mir genommen. BCAA`s und Glutamin waren die von mir bevorzugten Proteine die ich mir gönnte. Glutamin habe ich nie mit dem Geschmacksverstärker Glutamat verglichen. Glutamat ist ein Nervengift und wird in vielen Fertiggerichten und Tütenpulvern zum Anrühren von Soßen verarbeitet. Im Hirn findet dann die chemische Reaktion statt und Glutaminsäure kann zu Glutamat umgewandelt werden. Glutamat ist demnach das Salz der Glutaminsäure. Der Heidelberger Alzheimerforscher Professor Konrad Beyreuther ist der festen Überzeugung, dass Krankheiten wie Alzheimer oder Parkinson durch Glutamat entstehen könnten. Dafür benötig der Mensch aber extrem hohe Dosen, um eine schädigende Wirkung auf die Gehirnzellen zu erwirken. Der natürliche Schutz eines gesunden Menschen ist seine Blut-Hirn-Schranke, die es nicht zulässt, dass sich Glutamat aus dem Blut in die Hirnzellen schleicht. Doch sollte die Blut-Hirn-Schranke geöffnet, also geschädigt sein, könnte diese Theorie sich in die Praxis umsetzen. Dagegen spricht, dass die Parkinsonkrankheit im asiatischen Raum weniger bedeutend ist als in der westlichen Welt. Die Chinesen und Japaner verspeisen aber vier Mal so viel Glutamat, als die übrigen Menschen auf dieser Welt. Rätsel über Rätsel und Fragen über Fragen, nur bekomme ich keine überzeugenden Antworten. Mein Geruchsinn ist mittlerweile fast vollständig verloren gegangen. Der Test in der Knappschaftsklinik in Recklinghausen, bei einem auf Parkinson spezialisierten Professor, ergab zwei von zwölf richtigen Lösungen. Ich roch bei den Geruchstest etwas, doch konnte ich nie genau ermitteln welcher Geruch es gewesen ist. In meinem Beruf ist es enorm wichtig riechen zu können. Undichtigkeiten werden so sofort über die Nase erkannt und können lokalisiert werden. Mein Riechorgan dagegen gibt den Geruchsinn nicht weiter und ich kann allein keine Leckagen durch meine Nase ermitteln. Ich bin auf Hilfe der Mitarbeiter angewiesen. Gott sei Dank funktioniert mein Geschmacksinn noch einigermaßen. Nicht auszudenken ein Filet Mignon Steak würde nur noch nach Pappe schmecken. Ich hoffe, dass der Geschmacksinn mir noch lange erhalten bleibt. Aber das ist mehr Wunsch als Realität. Genau wie mein Training im Gym. Es ist wohl nur noch der Wunsch Muskeln zu erhalten, geschweige denn wiederaufzubauen. Die Praxis der letzten Jahre beweist mir ja das Gegenteil. Ich könnte jeden Tag heulen. Ich bekomme jeden Tag mehr Angst meinen Job der Krankheit wegen zu verlieren. Oft bin ich mental und körperlich über meinem zu ertragenem Limit, müsste dann normalerweise von meiner Ärztin arbeitsunfähig geschrieben werden, aber ich gehe aus Furcht den Job nicht behalten zu können trotzdem arbeiten. Dieses Verhalten ist eigentlich dumm von mir und diese Meinung vertritt meine Frau auch. Wenn ich dann nicht zum Arzt und satt dessen zur Arbeit fahre, zeigt sie mir unmissverständlich ihre Ablehnung meiner Entscheidung. Doch ich bin es leid immer und überall Rechenschaft ablegen zu müssen.

Ich entscheide selbst über mein Leben. Noch! Die ewigen Fragen aus meinem Umfeld, in der Nachbarschaft, in der Familie, unter den Freunden, im Studio oder bei der Arbeit gehen mir auf die Nerven. Alle Fragen mich was los wäre und erwarten eine Antwort. Keiner scheint zu akzeptieren, dass ich nicht reden will. Ich entscheide für mich ganz allein, wann ich mein erweitertes Umfeld mit einbeziehe und die Wahrheit auf den Tisch lege. Mein Meisterkollege und Schreibtischnachbar sitzt mir bei den Schichten gegenüber und er merkte in einem Gespräch mal an, dass eine Person, die krank wäre, dieses nicht geheim halten sollte. Er kann sich doch gar nicht vorstellen, wie es ist, mit dieser Krankheit zu leben. Also sich auch kein Urteil darüber bilden, wie ich mit der Informationskette umgehe? Eigentlich verstehen wir uns gut, er ist schlau und wird mit Sicherheit etwas ahnen, aber offenlegen werde ich es ihm noch nicht. Kein Mensch ist in der Lage ein wirklich gehütetes Geheimnis für sich zu behalten. Alle haben eine vertrauensvolle Person und erzählen dieser es dann weiter. Ich bin ein gebrandmarktes Kind und habe diese Erfahrungen schon erleben müssen. Der Freund erzählt es der Frau oder Freundin, der Arbeitskollege seinem Vertrauten usw. Wenn ein Geheimnis behütet bleiben soll, muss der Geheimnisträger im Stande sein, es für sich zu behalten. Möchte man aber, dass irgendetwas durch die Blume weitergetragen wird, verpackt man das Besprochene als stilles Geheimnis und die Sicherheit tritt mit Garantie in Kraft, dass in den nächsten Tagen das angebliche Stillschweigen seine Runde macht.

Meine Mutter selbst mit ihren 76 Jahren von vielen kleinen Gebrechen gezeichnet und psychisch nicht belastbar, hat Stress zu Hause mit ihrem nicht mehr pflegeleichten 90-jährigen Ehemann und nun kam der Brustkrebs noch dazu. Ich, ihr ältester Sohn, immer ihr Stolz, würde ihr noch mehr Leid antun, sollte ich ihr die Wahrheit über meine in mir schlummernde Krankheit berichten. Für alle Mütter dieser Welt sind die Kinder das Ein und Alles. Was würde passieren, wenn ich ihr eröffne, dass die Parkinsonkrankheit sich in meinem Hirn austobt? Ihre Welt würde zusammenbrechen und deshalb versuche ich, mein Geheimnis so lang wie möglich für mich zu behalten. Auch das versteht meine Frau nicht, doch auch sie hat mich enttäuscht. Als uns die Diagnose bekannt war, bat ich sie, nichts unserer Tochter zu erzählen. Sie sollte doch meine Entscheidung akzeptieren, dass ich erst einmal selbst mit mir klarkommen möchte. Aber so sind die Menschen nun mal, sie plauderte es trotzdem aus. Wen soll ich denn noch vertrauen, wenn nicht der eigenen Frau? Ihre Antwort war einfach. Sie muss es wissen. Doch wer es wissen darf, wollte ich selbst entscheiden. Diese Entscheidung verbitte ich mir, dass man mir die abnimmt. Ich verlange einfach den Respekt und die Akzeptanz, dass man mir nicht versucht etwas anderes einreden zu wollen.

Ein Tipp aus meinem Umfeld hörte ich schon öfter. Besuche doch eine Hilfsgruppe mit anderen an Parkinson erkrankten Personen. Dann frage ich mich immer, kennen die gesunden Ratschlag gebenden Mitmenschen eigentlich was es für mich bedeutet und vor allem den Umstand zu sehen wie schwer die Krankheit Menschen gezeichnet hat ist? Ich achte jetzt schon jedes Mal auf Menschen die Symptome aufweisen, die auf den Morbus Tremor hinweisen. Die ältere Frau, die an der Kasse im Supermarkt bezahlt und den Kopf unkontrolliert schüttelt, Probleme hat das Kleingeld aus ihrem Portomaine zu bekommen. Der Starreporter des größten deutschen Privatfernsehsenders, der während seiner Reportage versucht das Zittern zu verbergen indem er seine Hand in der Hosentasche lässt. Der große Fernsehmoderator, der seine Krankheit nicht mehr verbergen konnte und mir schon Jahre vor seine Veröffentlichung aufgefallen war. Das sind bisher nur die kleinen Hinweise der Krankheit gewesen, damit könnte ich noch leben. Es kommt aber für jeden von uns schlimmer. Der Dokumentarfilm Ride with Larry ist im Internet bei You Tube für jeden einsehbar. Larry ein ehemaliger amerikanischer Polizist ist in dem Movie vor acht Jahren an Parkinson erkrankt. Die Dokumentation zeigt wie ihm Cannabis hilft sein Zittern zu reduzieren. Das

Rauchen und der Besitz von Cannabis sind in den vereinigten Staaten nicht überall erlaubt und so kämpft Larry mit seiner Frau, um die Legalisierung Cannabis aus medizinischen Gründen in seinem Bundesstaat rauchen zu dürfen. Die Bilder haben mich geschockt. In acht Jahren so schwer von der Krankheit gezeichnet zu werden machen mir schlaflose Nächte. Der Mann war vorher ein Vorzeigeathlet und nun hat ihn der Gegner Parkinson in die Knie gezwungen. Das sind die Fälle von Menschen, die auch in einer Selbsthilfegruppe sitzen und über die Krankheit reden. Ich kann mir das nicht antun, dafür bin ich noch nicht bereit. Hautnah mitzuerleben was die Krankheit mit mir machen wird, ist für mich im Moment nicht zu verarbeiten. Der Versuch weiter selbstständig zu sein beeinträchtigt sich immer weiter. Im Haus die eigene Hand anzulegen fällt immer schwieriger. In den letzten Tagen habe ich einen naturhölzernfarbenden Türrahmen weiß gestrichen. Das Ergebnis war eine Katastrophe. Mit dreizehn Jahren habe ich Fensterrahmen gestrichen und von meinem Vater, der Malermeister ist, nur lobende Worte bekommen. Der Pinsel in der Hand lag mir wie John Wayne der Colt. Doch nun ist es nicht mehr so. Es gelang mir nicht den Türrahmen so mit dem Pinsel zu bestreichen, dass mir das Ergebnis gefiel. Noch sind es nur Kleinigkeiten, die mir durch die Krankheit nicht mehr leichtfallen. Ein Beispiel ist das Zudrehen der Zahnpastatube. Der Deckel fällt mir mittlerweile oft auf den Boden. Kartoffeln schälen, wird auch langsam zum Problem. Die natürlichen Dinge, über die ein gesunder Mensch gar nicht nachdenkt, fallen mir schwerer. Nach dem Pipi machen, muss ich aufpassen, dass der letzte Tropfen wirklich mit abgelassen wird, sonst passiert es in der Hose und das wäre mehr als peinlich. Ich spüre manchmal wie der Harn langsam, von mir unkontrolliert zum Ausgang laufen möchte. Spüre ich dieses Bedürfnis, dann ist nicht lange mit anhalten, sondern eiligst die Toilette aufzusuchen. Diese Kleinigkeiten erschweren mir das, was für mich früher ganz normal gewesen ist. Mir jetzt den Kopf über die Dinge zu machen, die nicht mehr richtig funktionieren, hätte ich mir vorher nie erträumen lassen. Im Winter in der Kälte schlägt der Mitbewohner Parkinson besonders gerne zu. Wenn ich vor den eisigen Temperaturen friere, zittert mein linker Arm nicht mehr leicht, nein er zuckt schon unkontrolliert. Ich kann dies nicht verhindern und versuche dabei nicht aufzufallen. Es gelingt mir aber nicht und ich spüre die ungläubigen Blicke der Kollegen.

Bücher lesen war dreißig Jahre eine geheime Leidenschaft von mir. Lesen bildet und so habe ich mir viel Wissen zulegen können. Vor allem die Lektüren, in denen über die christliche Religion geschrieben wird, faszinierten mich besonders. Mit Christis Geburt, der eigentliche Start des Christentums bis in die Gegenwart verschlang ich die Schriften aller Autoren. Ich bin fest davon überzeugt, dass Jesus von Nazareth ein einfühlsamer und hilfsbedürftiger Mensch, der die Welt besser machen wollte, war. Er predigte in einer von den Römern herrschende Zeit der Kriege Gutes und erzählte über Nächstenliebe. Er war ein netter Kerl mit vielen Anhängern. Auch ich wäre ihn zu dieser Zeit begeisternd gefolgt. Doch was haben seine Anhänger aus seinen Lehren produziert. Mord und Totschlag. Der Satan selbst hätte es nicht besser machen können, was die römisch-katholische Kirche alles veranstaltet hat, um die Macht, die Menschen nach ihren Zwecken beeinflussen zu können. Sie trieb Intrigen, manipulierte Menschen, führte Kriege, ermordete millionen Unschuldiger nur ihres Glaubens wegen, häufte Reichtum an, während ihre Anhänger dem Hungertod erlagen. Viele solcher Dinge sind geschehen, doch das Schlimmste was der Vatikan den Menschen antat, bzw. noch immer antut, ist die Angst vor die Hölle und das ewige Fegefeuer zu schüren. Meiner Meinung ist bei deren Politik bisher kein Bischof, kein Kardinal und vor allem keiner von Gottes ersten Dienern, die Päpste, in den Himmel gekommen. Sadistische oder auch pädophile Angehörige der Kirche machten bis heute unbehelligt mit Unterstützung ihres großzügigen Arbeitgebers Karriere. So wurde ich vom römisch-katholisch getauften, zur Kommunion und Firmung gegangenen

Jungen, ein erwachsener Atheist. Sollte ich Unrecht haben, möge falls es ihn doch gibt, mir Gott verzeihen, doch an seine Kirche kann ich nicht glauben. Es wird keinen Himmel oder eine Hölle geben, wir werden einfach zu Staub zerfallen. Wo sollen all die Seelen der bis jetzt gelebten Menschen sein? Hauptsache nicht dort, wo sich die Kirchendiener nach ihrem Tod aufhalten. Jetzt gibt es für mich ein Problem dessen Lösung ich nicht näher komme. Ein aus dem Koma erwachter ehemaliger Arbeitskollege machte mich, der ja einen naturwissenschaftlichen Beruf erlernt hat, darauf aufmerksam, dass physikalisch Energie nie verloren gehen, sondern immer nur in eine andere Energieform umgewandelt werden kann. Sein Ansatz, den er als sein Joker in unserer Diskussion aufspielte war der, dass der lebende menschliche Körper voller Energie sei. Wohin verschwindet diese menschliche Energie, wenn sie nicht verloren gehen, sondern sich nur umwandeln kann. Leider fehlt mir das Wissen diese Frage beantworten zu können. Gibt es Gott vielleicht doch und er bestraft mich meines Unglaubens wegen mit der Krankheit? Ich kann es mir nicht vorstellen und glaube weiterhin an den Darwinismus.

Wie geht es nun weiter mit mir? Die Hoffnung auf Hilfe aus der Pharmaindustrie lässt mich noch einigermaßen optimistisch in die Zukunft blicken. Doch weiß ich auch, die Zeit ist mein Feind und mit jedem Tag, der vergeht ohne die Nachricht auf ein Medikament, dass die Krankheit stoppen kann, verliere ich weiter unumkehrbar gegen das Parkinsonsyndrom. Aber vielleicht sorge ich mich auch umsonst wegen meiner Krankheit, denn während ich die vielen Seiten geschrieben habe, breitet sich der COVID-19 unaufhaltsam auf den ganzen Planten aus. Egal ob reich oder arm, ob berühmt oder unbekannt, das Coronavirus erwischt jeden, er macht keine Unterschiede, egal ob gut oder böse und keiner weiß bis heute, wie es enden wird. Natürlich forschen alle Wissenschaftler an einem Gegenmittel, auch wird es diese Injektion irgendwann geben, doch wie lange es noch dauert und wie viele Menschen, dem zu Opfer fallen, kann niemand voraussehen. Sterben werden wir alle, nur ob meine Familie und ich im hohen Alter oder an der Pandemie sterben werden, entzieht sich meiner Kenntnisse. Als Risikoperson wegen des Parkinsons zähle ich nicht, meine Frau aber, nach ihrer Krebstherapie gilt als riskant. Wir haben uns selbst in den eigenen vier Wänden in die Isolation begeben. Nur zum Einkaufen muss ich noch abstandhaltend unter die Leute gehen. Der Zustand wird immer chaotischer. Die mächtigen der Welt verharmlosen die Gefahr noch immer und wollen die ausgegebenen Maßnahmen zugunsten der wirtschaftlichen Gewinne wieder auflockern. Denn sie wissen nicht was sie tun, war eines der letzten Worte die Jesus sterbend ans Kreuz hängend sagte. In unserer Zeit könnte ich diesen Satz jeden Tag wiederholen und ich hoffe, dass es von den geldgierigen Unternehmern und den Industriebossen, sowie dessen Politiklakaien mehr trifft als den normalbesorgten Bürger.

Meine Sorgen und Gedanken brachten mich bisher zu diesem Punkt. Ohne eine Antwort bekommen zu haben, noch mit einer für mich befriedigende Lösung oder dem Wissen wie es für mich im Umgang mit der Krankheit weitergehen soll, beende ich nun meine Seiten des Schreibens und begebe mich online auf die Suche vielleicht einen seriösen Verlag zu finden, der meine durch mein Schicksal erlittene Gedanken veröffentlichen möchte.